Frédéric Lenormand
Die Nacht der Richter
Neue Ermittlungen von Richter Di
Episode 2
Kuebler Verlag

DER AUTOR

Frédéric Lenormand wurde am 5. September 1964 in Paris geboren. Er spricht neben seiner Muttersprache Französisch auch Russisch, Englisch und Italienisch und ist ein überaus aktiver Romanschriftsteller, allerdings hierzulande wenig bekannt.

Weil sein Großvater ein bekannter Sammler japanischer Kunstwerke ist, fühlte er sich bereits seit seiner Kindheit zur Kultur fernöstlicher Länder hingezogen. Nach einem Sprachenstipendium im Jahr 1982 setzte er seine Ausbildung am Institut für Politische Studien und später an der Sorbonne fort.

1988 erschienen seine ersten fünf Romane, von denen ihm gleich der erste (*Le songe d'Ursule* – „Ursulas Traum") den „Del Duca"-Preis für junge Romanschriftsteller einbrachte. In den 1990er Jahren wurden seine Werke mit weiteren Preisen ausgezeichnet, darunter war auch der François-Mauriac-Preis der „Académie française".

Schwerpunkt seines literarischen Schaffens wurden historische Romane, darunter sind auch die beiden Serien *Voltaire mène l'enquête* (Voltaire leitet die Ermittlung) und *Les nouvelles enquêtes du juge Ti* (Neue Ermittlungen des Richters Di).

DAS BUCH

Richter Di langweilt sich in seiner schönen Stadt Peng-lai – bis zu dem Tag, an dem er nach Pien-fu gerufen wird. Der Präfekt will unter sieben geladenen Richtern prüfen, wem von ihnen er den begehrten Posten des Bezirksrichters übertragen kann, da der bisherige Amtsinhaber in die Hauptstadt versetzt werden soll. Als dieser Beamte völlig überraschend tot aufgefunden wird, setzen die Ermittlungen der übrigen Richter ein. Gleichzeitig beginnt das tatsächliche Auswahlverfahren, in dessen Verlauf es zu heimtückischen Verleumdungen und Anschlägen aller Art kommt. Als ein weiterer Mord geschieht, kommt der Verdacht auf, dass sich die Kandidaten gegenseitig versuchen, aus dem Weg zu räumen. Richter Di gelingt es jedoch schließlich, den geheimnisvollen Vorgängen auf die Spur zu kommen und den Fall zu entwirren.

FRÉDÉRIC LENORMAND

DIE NACHT DER RICHTER

Neue Ermittlungen des Richters Di
Episode2

Roman
Aus dem Französischen übersetzt von Gerd Frank

Weitere Informationen: www.kueblerverlag.de

Impressum
2. Auflage

Französischer Originaltitel:
La Nuit des juges de Frédéric Lenormand

Übertragung aus dem Französischen von Gerd Frank.
Herausgeber der Reihe: Gerd Frank
Lektorat: Anabelle Assaf – Rotkel Textwerkstatt
Umschlaggestaltung unter Verwendung der Zeichnungen von © Andreeva Svetlana
ISBN 978-3-86346-031-0

Im Kaiserlichen China waren jedem Präfekten zwanzig Bezirke unterstellt, die jeweils von einem auf drei Jahre berufenen Richter geleitet wurden. Der Richter war mit allen Verwaltungsaufgaben einer Stadt beauftragt: denen der Polizei, der Justiz, des Katasteramts, des Standesamts, des öffentlichen Schatzamts, des Straßenbaus usw. Hierfür kam jeder Bürger des Reichs infrage, ganz gleich, ob er nun reich oder arm war: Voraussetzung war lediglich, dass er die schwierigen literarischen Prüfungen bestanden hatte.

Die Handlung spielt im Jahre 664 unserer Zeitrechnung. Richter Di ist zu diesem Zeitpunkt 34 Jahre alt.

Die sieben Richter:

Di Jen-dsiä, Bezirksrichter von Peng-lai.
Lo Kuan-chong, Dichter und Ästhet.
Dao-Li Song, Mitglied einer Familie alten Adels.
Tan Jinxuan, Amtsinhaber von Pien-fu, junger Ehrgeizling.
Shang Uchang, Experte für klassische Literatur.
Kien Fang-te, Schwiegersohn des Präfekten.
Mei Haodi, Ältester der Präfektur.

I

Richter Di erhält eine merkwürdige Vorladung;
er erhascht einen Blick ins Paradies.

Dieser erste Einsatz als Provinzrichter an der Nordostküste von Chang-tong war eine endlose Aneinanderreihung von Enttäuschungen gewesen. Mit 34 Jahren hatte Richter Di den Eindruck, bereits am Ende seiner Karriere angekommen zu sein. Seit seiner Ankunft im vorangegangenen Jahr hatte er lediglich einen interessanten Fall gelöst, in dem es um den illegalen Goldhandel ging, der mittlerweile vollständig zerschlagen war. Aber seitdem war die schöne Stadt Peng-lai geradezu in Erstarrung versunken, und die Fähigkeiten des Richters verkümmerten, weil sie nicht benötigt wurden. Ein oder zwei abwechslungsreiche Fälle – so zum Beispiel die Ermordung seines Vorgängers – hatten ihn davor bewahrt, angesichts der tausend ermüdenden Aufgaben, mit denen man ihn behelligte, dem Zustand der Niedergeschlagenheit anheimzufallen, aber seit Monaten war überhaupt nichts Unterhaltsames mehr passiert.

Jede Woche, jeden Tag, jede Stunde bestätigte sich aufs Neue, dass das langweilige Peng-lai nur ganz wenige, ganz bescheidene Möglichkeiten bot, sich zu beschäftigen. Die Garnison wachte sorgsam über die Sicherheit der Bewohner und das Militär kontrollierte die Mündung des Flusses, sodass man ihm auch noch die unbedeutendsten Delikte und die kleinste Rauferei vorenthielt.

Man gab ihm nicht mehr als den täglichen Kleinkram – wie einem Pferd, dem man nur grobe Strohballen statt frischem Gras vorwarf. Um das Maß vollzumachen, schienen ihn die ansässigen Verbrecher für einen bösen Zauberer zu halten. Jedenfalls genoss er unter ihnen einen üblen Ruf, was sicher für die öffentliche Ordnung und für die Normalsterblichen von Vorteil war, seine Stimmung hingegen verbesserte es nicht.

Folglich hielten sich die hinterhältigen und skrupellosen Übeltäter, die er besonders liebte, zurück. Richter Di verspürte schließlich eine derartige Verdrossenheit, dass er immer häufiger mit dem Gedanken spielte, seinem Leben ein Ende zu bereiten oder zumindest einen Kurzurlaub zu nehmen, der es ihm erlauben würde, dieser schlammigen, traurigen und durchschnittlichen Stadt eine Zeitlang den Rücken zu kehren. Verfügte er denn nicht über die gleichen Mittel wie seine drei Ehefrauen, die imstande waren, ihre Freizeit nach Belieben zu gestalten, indem sie etwa bei Händlern Stoffe kauften, eine Freundin besuchten oder einfach nur ihr Zimmer dekorierten? Seine vorherige Beschäftigung, das Hantieren mit alten Papieren aus den kaiserlichen Archiven, war zwar kaum hinreißender gewesen, aber zumindest hatte er in der Hauptstadt geweilt, wo es nie an Ablenkung mangelte. Die Jugend fand immer Wege, sich die Zeit angenehm zu vertreiben; in seinem reifen Alter hingegen verlangte es ihn nach einer harten Nuss, die es zu knacken galt.

Seine Tage waren wie die Wellen, die sich an der Hafenmauer von Peng-lai brachen: immer gleich, mit dem Anschein von Bewegung, in Wirklichkeit aber still und ebenso schnell wieder verschwunden, wie sie gekommen waren, ohne etwas zurückzulassen.

Er saß vor dem Fenster seiner Bibliothek und schlürfte eine Tasse Tee, wobei er missmutig in den Regen starrte. Der Richter war in Gedanken versunken, als es an der Tür klopfte.

Sergeant Kong trat mit einem lackierten Tablett ein, auf dem eine Rolle Pergament lag.

„Ein Kurier hat das soeben für Eure Exzellenz abgegeben“, sagte er und verbeugte sich leicht.

Der Richter nahm die Rolle, die das breite zinnoberrote Siegel der Präfektur trug, an sich; es handelte sich demnach um eine offizielle Mitteilung. „Hurra!“, dachte er, „es gibt also doch ein Reich der Mitte hinter diesem Vorhang des Regens und man erinnert sich an meine bemitleidenswerte Existenz.“ Di erbrach das Siegel und entrollte das Pergament.

„Seine Exzellenz der Präfekt von Pien-fu, Beamter Ersten Ranges, befiehlt seinem Untergebenen, Di Jen-dsiä, dem

Bezirksrichter von Peng-lai, sich unverzüglich zum Yamen[1] der Präfektur zu begeben, um dort an einer wichtigen Zusammenkunft teilzunehmen. Seine Eskorte soll sich auf das Allernotwendigste beschränken. Die Dauer seiner Abordnung wird auf etwa sieben Tage geschätzt." Es folgte die persönliche Unterschrift des Präfekten, eines Mannes, der keinen Wert auf formale Höflichkeitsfloskeln legte.

Der Empfänger dieses bedrohlich wirkenden Briefes schwankte zwischen Überraschung und Neugier: Was mochte der Grund für diese Sitzung sein? Es musste sich um eine bedeutsame

Angelegenheit handeln, wenn sein Vorgesetzter nicht einmal das Risiko einging, diese in der Vorladung näher zu benennen. Allerdings pflegte die allmächtige Tang-Regierung die Geheimniskrämerei wie eine hohe Kunstform, selbst wenn es sich um belanglose Banalitäten handelte. Und das wäre ja auch alles recht und billig gewesen, wenn die Hauptstadt nicht sogar einen Sprachcode verwendet hätte, um ihrem Mitarbeiter die neuesten Anordnungen im Bereich des Passwesens mitzuteilen. Mit dieser Praxis zeigte man sich derart altmodisch und verbissen, vermutete ständig und überall Spionage aus dem Ausland, Geheimbünde, Menschen mit bösen Absichten – selbst in dem durchschnittlichsten aller Bürger. Die belangloseste Information erhielt einen vertraulichen Charakter, vor allem in diesen Hafenstädten, die der Rohheit der Barbaren von Übersee ausgesetzt waren. Jeder Nachricht wurde die gleiche Wachsamkeit zuteil, jeder Beamter stellte ein potenzielles Mitglied der Spionageabwehr dar. Tatsächlich überschritt das Misstrauen der Mächtigen gegenüber der Ehrlichkeit oder der Diskretion ihrer Untergebenen manchmal die Grenze zur Beleidigung.

Fest stand jedoch, dass diese Vorladung für Di eine wunderbare Gelegenheit war, sich von den provinziellen Routineangelegenheiten zu erholen, die ihm immer erdrückender zu werden schienen. Zweifellos wollte man ihn wegen irgendeiner heiklen Angelegenheit um Rat fragen, weil man seine ausgezeichneten analytischen Fähigkeiten schätzte; sein diesbezüglicher Ruhm hatte die Grenzen seines Bezirks längst

---

[1] Lokalbehörde im kaiserlichen China

überschritten. Endlich bekam seine Existenz wieder einen Sinn: Man erinnerte sich an ihn in den höchsten Kreisen! Das war sehr tröstlich.

Das Gebiet, das seiner Verantwortung unterstand, lag gegenüber der koreanischen Halbinsel, die erst vor Kurzem vom Kaiser mithilfe beeindruckender Truppenbewegungen unterworfen worden war. Inzwischen begehrten die Lehnsmänner jener Gegend auf. Auch zu Peng-lai gehörte ein Viertel, in dem hauptsächlich Koreaner lebten, von denen die meisten Kaufleute waren und mit dem Landesinneren Chinas dank des Flusses, dessen Verlauf bis zur Mündung von der Stadt kontrolliert wurde, Handel trieben. Somit würde das Schwerpunktthema des Treffens höchstwahrscheinlich die Küstenverteidigung bilden; oder genauer gesagt: die Überwachung der ausländischen Gemeinschaft.

Schlimmstenfalls würde er die Aufgaben eines oder zweier Würdenträger aus der Hauptstadt ausführen müssen, die in der Regel weniger kompetent als vor allem ehrgeizig waren, und die gern einmal herkamen, um die Provinzler mit ihrem Bücherwissen darüber zu erleuchten, wie man die Unruhen in den Häfen entlang der Grenze unterdrückte. Was ihn nicht im Geringsten kümmerte.

Pien-fu stand in dem Ruf, ein hübsches Städtchen zu sein, und dieser kurze sommerliche Ausflug war, wenn auch mit Arbeit verbunden, eine angenehme Abwechslung zu seinem vorherrschenden Missmut.

Weil der Befehl die sofortige Abreise erforderte, durfte er den Präfekten nicht warten lassen. Richter Di suchte daher die Gemächer seiner Gattinnen auf, in denen er allen dreien gut gelaunt und etwas zu strahlend mitteilte, dass er zu seinem Bedauern für ein paar Tage verreisen müsse. Seine Erste Dame akzeptierte die berufliche Verpflichtung, vermutete aber gleichzeitig, dass er darüber erfreut war. Obwohl er augenblicklich die sorgenvolle und erschöpfte Miene des armen, ausgenutzten Beamten aufsetzte, strafte ihn der leuchtende Glanz in seinen Augen Lügen.

In der Nachricht war gefordert worden, sich „auf das Allernotwendigste zu beschränken“, und so beschloss der Richter, inkognito abzureisen, als führe er in die Ferien, begleitet nur von einem einzigen Diener, was ihm auch die förmliche Etikette ersparen würde. Er wählte Miao Dai aus, einen alten Hauptmann, der an dem Feldzug von 661 gegen die verbündeten Streitkräfte der Koreaner und Japaner teilgenommen hatte. Miao Dai konnte ihm als Ratgeber nützlich sein, falls sich seine Vermutung hinsichtlich des Zwecks der Zusammenkunft bestätigen sollte. Di ließ zwei Pferde satteln, auf denen die Diener ihr Gepäck verstauten. Sie saßen auf und verließen ohne zu zögern das Gerichtsgebäude, um auf der langen Handelsstraße zum Süd-Tor zu gelangen. Nachdem man ihnen die schweren Bronzeflügel geöffnet hatte, ließen sie die niedrigen Mauern der Stadtbefestigung hinter sich und mischten sich unter die Planwagen in Richtung Präfektur. Als sich der Richter in der ersten Kurve umwandte und seine Stadt hinter den Bäumen verschwinden sah, konnte er sich einer gewissen Freude nicht erwehren.

Sie ritten nur zwei Tage, bis sie das Ziel ihrer Reise erreichten. Der Straßenverlauf bot ihnen einen vollständigen Blick auf Pien-fu: Die Stadt lag am Fuße eines Berges, von dem ein eindrucksvoller Wasserfall herabrauschte. Verschiedene Spazierwege verliefen die Hänge entlang, zwischen großen, hervorspringenden Felsen und dornigen Bäumen, die sich durch das Gefälle der Erde entgegenneigten. Das Ensemble präsentierte ein Bild ganz nach dem Geschmack der klassischen Malerei.

Sie stellten sich beim Wachposten an der Befestigungsanlage vor und fragten nach dem Weg zum Yamen. Das kaiserliche Siegel, das der Richter präsentierte, ersparte ihm sämtliche Formalitäten. Nachdem der Hauptmann einen kurzen Blick darauf geworfen hatte, wies er ihnen begleitet von tiefen Verbeugungen den Weg.

Pien-fu machte seinem Ruf alle Ehre: Die Stadt gefiel ihnen von Anfang an. Im Allgemeinen waren die großen chinesischen Siedlungen rechtwinkelig und schnurgerade angelegt. Sie wirkten außerdem ziemlich traurig, da ihre Ladengeschäfte in Richtung der Innenhöfe ihrer Häuser öffneten, statt auf die großen Durchfahrtsstraßen hinauszugehen.

Ganz anders verhielt es sich in diesem Kurort, der den Erwartungen reicher Besucher entsprach, für die er ein Domizil zur Erholung war.

Jeder Reisende war an schmutzige Straßen gewöhnt, während die von Pien-fu systematisch gepflastert waren, was den Verkehr enorm erleichterte und dem Ganzen den Eindruck von üppigem Wohlstand verlieh, der vor allem auf Ordnung und Sauberkeit der Stadt zurückzuführen war. Sie war aufgrund ihrer warmen Quellen bekannt geworden, deren Nutzung die Ärzte zur Behandlung unterschiedlichster Leiden empfahlen – angefangen von eingewachsenen Nägeln bis hin zur Epilepsie.

Die Stadt verfügte über zahlreiche Badeanstalten, von denen eine prächtiger ausgestattet war als die andere. Ihre koketten Fassaden waren in den auffallendsten Farben gestaltet und der Name jeder einzelnen Einrichtung war in sich selbst ein pures Werbeargument: „Das Gesundheitswunder", „Das ewige Wohlbefinden", „Die Bäder der Jugend" sowie andere Versprechen, die alle miteinander der wohltuenden Wirkung dieser Mineralbäder zur Ehre gereichen sollten.

Die Besucher waren vermögende Kurgäste, die kaum auf ihre Ausgaben achteten. In der Stadt gab es fast genau so viele Tempel, in denen man Opfergaben erbringen konnte, um damit Heilung zu erbitten oder der ein oder anderen Gottheit für die wiedererworbene Gesundheit zu danken. Dies war eine besondere Welt, in der man nichts von den gewöhnlichen Ärgernissen des Lebens außerhalb ihrer Mauern wusste. Die Bürger waren wohlhabend genug, um sich einen tatkräftigen Ordnungsdienst leisten zu können. Alles war äußerst ruhig und sauber. Wie es hieß, kamen sogar bestimmte Mitglieder des Hofes und der kaiserlichen Familie hierher, um die Heilquellen zu nutzen und die einzigartige Atmosphäre zu genießen.

Der Staat leistete seinen Beitrag zu diesem Erfolg, indem er militärische Streitkräfte vor Ort unterhielt, die sowohl beträchtlich als auch zugleich diskret waren. Es wäre mit einem Wort ein geradezu paradiesischer Ort für einen Richter gewesen, der sich nur für die angenehmen Seiten des Beamtendaseins interessierte. Darüber hinaus würde man aufgrund der Anwesenheit des

Präfekten von einem Großteil der Verwaltungsaufgaben entbunden. Da hier praktisch keine Verbrechen begangen wurden, stand zu erwarten, dass man sich lediglich um die Steuern – den einmaligen jährlichen Geldsegen – zu kümmern hatte. Während der übrigen Zeit des Jahres galt es wohl, einflussreichen Höflingen zur Verfügung zu stehen, was bedeutete, oberflächliche gesellschaftliche Gespräche zu führen, um so diskret die persönliche Karriere zu fördern. Richter Di sagte sich, dass dieser Ort dauerhaft also gewiss noch langweiliger wäre als sein Peng-lai, diese Kloake, wenn auch auf andere Art und Weise.

Die üppig bepflanzten Gartenterrassen vor den einladenden Herbergen zogen die Aufmerksamkeit seines Begleiters auf sich. Miao Dai verspürte unübersehbar ein derartiges Verlangen nach einem Glas des regionalen Weins, dass sein Herr beinahe hören konnte, wie sich seine trockene Kehle vorsorglich befeuchtete.

„Edler Herr Richter ...“, begann der alte Soldat.

„Einverstanden“ unterbrach ihn der Richter. „Wir machen eine kleine Pause, bevor wir uns zum Yamen begeben. Ich habe nichts dagegen, wenn ich mich noch etwas erholen kann, bevor ich dem Hofmeister des Gerichts gegenübertrete. Die Reise hat uns erschöpft, unsere Ankunft kann gut noch eine Stunde länger warten.“

Sie machten sich gerade daran, eine weniger bevölkerte Gartenterrasse aufzusuchen, als sie Rufe vernahmen. „Di“, rief jemand. „Ach, na so was! Was für eine angenehme Überraschung!“

Nicht weit von ihnen entfernt winkte ihnen ein kleiner, wohlbeleibter Herr mit dünnem Schnurrbart und kurzem Kinnbart überschwänglich zu. Er saß vor mehreren leeren Krügen und halb verzehrten Speisen an einem Tisch. Richter Di erkannte in ihm den Richter Lo Kuan-chong, einen seiner Kollegen, den er häufig in der Hauptstadt besucht hatte, wobei es sich öfter um feuchtfröhliche Begegnungen in literarischen Kreisen gehandelt hatte als um berufliche, denen der gute Mann für gewöhnlich aus dem Weg ging.

„Ach, setzen Sie sich doch!“, rief Lo. „Guten Wein kann man wirklich nur in angenehmer Gesellschaft genießen!“

Richter Di stellte fest, dass sein Kollege gewissenhaft seinen Lieblingsbeschäftigungen huldigte: dem Trinken und dem Schreiben im Schatten einer Laube. Er bemerkte eine Gruppe von Dienern, die nur ein paar Schritte entfernt mit dem Gepäck auf einer Bank Platz genommen hatten; auch Pferde hatten sie dabei. Die beiden Männer stiegen ab, um den Dichter zu begrüßen.

„Die Göttin der Muse hat mich in dem Augenblick geküsst, als ich an diesen prächtigen Gartenterrassen vorbeikam", erklärte Richter Lo. „Man darf sie niemals missachten, sie könnte sich gekränkt fühlen und lange Zeit ausbleiben!"

Di fragte ihn, welch glückliche Fügung ihn hierhergeführt habe. Lo antwortete, dass ihn der Präfekt zu einer höchstwahrscheinlich recht langweiligen Sitzung wegen irgendeiner Geheimsache herbeordert habe. Sofort stieg die Enttäuschung in Richter Di hoch: Er war also doch nicht wegen einer ernsthaften Angelegenheit herbeigerufen worden. Schließlich hatte sein Kollege, der mehr ein Träumer als ein fähiger Beamter war, dieselbe Aufforderung erhalten!

„Ich bin sehr erfreut, Sie hier zu sehen", sagte Lo. „Ich hatte die Befürchtung, dass die Konferenz stumpfsinnig und langweilig werden würde, aber dank Ihrer Anwesenheit dürfte der Aufenthalt unter den denkbar günstigsten Vorzeichen stehen!"

Di gab ihm das Kompliment zurück, obwohl er genau gegenteiliger Meinung war. Im Nu war die Möglichkeit, dass es bei diesem Aufenthalt darum gehen könnte, ein seltsames Rätsel lösen zu müssen, verflogen. Er war versucht, sich ebenfalls dem Alkohol hinzugeben – wenn auch ohne die Hoffnung, dass dadurch ein hübscher Vers zustande kommen würde –, und hielt Miao Dai sein Glas hin, der es mit einer berauschenden Substanz füllte.

Die beiden Kollegen tauschten die üblichen Höflichkeitsfloskeln über das gesundheitliche Befinden ihrer jeweiligen Gattinnen aus, was im Falle Los immer ziemlich lange dauerte, denn während Di sich klugerweise mit drei legitimen Frauen begnügte, unterhielt sein Kollege neben fünf Hauptfrauen auch zahlreiche Konkubinen – einen beachtlichen Harem – den er genauso unmäßig genoss, wie er Saufgelagen frönte und sich gewissen anderen speziellen Gelüsten hingab.

„Wissen Sie übrigens, dass wir nicht die einzigen sind, die man hergebeten hat?“, fragte Lo mit munterer Stimme, die verriet, dass er bereits zahlreiche Gläser zu sich genommen hatte.

Richter Di fragte sich, wie lange er wohl schon am Tisch sitzen mochte. Seine Diener schienen gut gesättigt; zweifellos hatte man ihnen erlaubt, in aller Ruhe eine volle Mahlzeit einzunehmen, während sich ihr Herr jener Beschäftigung hingab, die er „situationsbedingte Dichtung“ nannte.

„Ach ja?“, entgegnete Di und zählte aus dem Augenwinkel die leeren Krüge.

„Als ich schrieb, konnte ich sehen, wie Mei vorbeikam, dieser alte Ziegenbock von einem Richter. Zum Glück konnte ich mich hinter meinem Notizheft verbergen. Und jetzt hören Sie mal: Dieser traurige Mensch hat an Ansehen verloren. Er ist so geizig geworden, dass er scheinbar kleine Geschenke seiner Mitbürger annimmt, ungeachtet des ausdrücklichen Verbots solcher Praktiken! Wie kann ein Richter sich derart nachlässig in Verruf bringen und dabei riskieren, unserer ganzen Profession zu schaden? Das kann ich nicht verstehen!“, schloss Lo und füllte mit unsicherer Hand erneut sein Weinglas nach.

„Das wird ja immer besser!“, dachte Richter Di. „Zuerst ein alkoholischer Müßiggänger und jetzt auch noch der unangenehmste Kollege von allen.“

„Und das war's noch immer nicht!“, fuhr Lo fort. „Kien Fang-te folgte ihm kurz darauf. Es sah aus wie das reinste Richter-Schaulaufen.“

„Kien Fang-te?“, wiederholte Richter Di und kramte in seinem Gedächtnis. „Der sagt mir nichts.“

„Na, hören Sie!“, rief Lo, der in gesellschaftlicher Hinsicht viel bewanderter war als sein Freund. „Den kennt doch wirklich jeder! Er bekleidet einen Posten im landwirtschaftlichen Nachbarbezirk. Wie kann man denn noch nie von ihm gehört haben? Sie sollten die gesellschaftlichen Abende nicht so vernachlässigen, älterer Bruder! Dieser Kien ist in aller Munde – sowohl wegen seiner körperlichen Vorzüge als auch wegen seiner Liebschaften. Er hat eine der Töchter des hiesigen Präfekten geheiratet, und der hat Kien entscheidend zu seinem Posten verholfen, ungeachtet seiner nur mittelmäßigen Erfolge bei literarischen Wettstreiten. Nie hat er sich eine Nebenfrau genommen, um seinem Schwiegervater deutlich zu zeigen, wie sehr er diese heilige Nachfahrin respektiert, die er ihm höchst ehrenvoll anvertraut hat. Aber der Präfekt müsste schon taub sein, wenn er noch nichts von all den zahllosen Skandalen gehört hat, in die dieser aufgeblasene Schönling verstrickt gewesen ist. Da haben wir wieder einen, der unseren Berufsstand beschmutzt!"

Di begann, sich nun doch langsam an den Namen Kien Fang-te zu erinnern, und zwar im Zusammenhang mit irgendeinem Gerede, das einen unangenehmen Beigeschmack gehabt und dem er kaum Beachtung geschenkt hatte. Nun fiel ihm sogar wieder ein, dass über diesen Menschen in den Frauengemächern seines eigenen Heims gesprochen worden war. Über diese Dinge wussten seine Gattinnen wohl weit besser Bescheid als er selbst. Der Ruf, mehr Verführer als Richter zu sein, war Kien Fang-te von einem Bezirk in den anderen vorausgeeilt. Die Damen empfanden einen prickelnden Reiz, wenn sie von seinen schlüpfrigen Abenteuern hörten. Es bestand kein Zweifel daran, dass lediglich die Protektion und die Macht des Präfekten den extravaganten Ehebrecher davor bewahrt hatten, in seiner beruflichen Position einige Stufen abzusteigen, was gewisse Leute ganz sicher gern gesehen hätten.

„Aber meiner Treu", sagte Richter Di, „das ist ja eine Zusammenkunft von unverbesserlichen Sündern, zu der man uns da bestellt hat!"

„Gewiss", bestätigte Lo zwischen zwei Schlucken. „Ich sehe nur uns beide, Sie und mich, unbefleckt aus dieser Masse herausstechen."

Richter Di seufzte vernehmlich. Als ihm klar wurde, dass sein Gesichtsausdruck seine Einstellung zu diesem Punkt verraten könnte, erhob er sich, um vom Thema abzulenken und kündigte an, dass es nun an der Zeit wäre, sich zum Yamen zu begeben.

Lo versuchte, sich aus seinem Sessel zu erheben, doch der schien an seinem Hintern festzukleben. Er machte daher seinen Dienern ein Zeichen, denen diese Problematik offenbar wohlbekannt war und die sich beeilten, ihrem Herrn behilflich zu sein. Sie mussten ihn unter den Armen stützen, um ihn bis zu seinem Reittier zu führen, das er dann mit allergrößter Mühe erklomm.

„Sie bedienen sind nicht einer Sänfte?“, wunderte sich Richter Di. Er war der Meinung, dass eine Beförderung in horizontaler Lage viel besser zu den kleinen gastronomischen Pausen gepasst hätte, die der Reisende so gern einlegte.

Lo setzte angesichts dieses Kommentars und der Anspielung auf seine materiellen Engpässe eine säuerliche Miene auf. „Nein, leider nicht!“, jammerte er. „Ich habe große Ausgaben zu bestreiten, wissen Sie? Meine kleine Familie kommt mich teuer zu stehen. Ich muss daher ziemlich schmerzhafte Prioritäten setzen“, schloss er und massierte sich die Nierengegend.

Das stimmte natürlich, denn man konnte nicht zehn Frauen, deren Dienerinnen und die Kinder unterhalten, zahllose Feste feiern und den Großteil der Zeit mit Nichtstun verbringen und dann auch noch sämtliche alltäglichen Bequemlichkeiten beibehalten.

Sie hatten das Ende der Straße noch nicht erreicht, als ein enormer Krach sie dazu veranlasste, sich umzudrehen. Hinter ihnen hatte eine prachtvolle Equipage eine Menge neugieriger Gaffer angezogen. Mehrere Ausrufer und Standartenträger schritten einer schnellen und bequemen Sänfte voran, die von zwölf Männern getragen wurde. Zwei Berittene in kupferfarbenen Rüstungen eröffneten den Zug, und zwei ebensolche beschlossen ihn.

Ein derartiges Gefolge war nicht zu übersehen.

„Platz, ihr Leute!“, riefen die gelb-blau livrierten Diener unentwegt und schlugen dabei auf ihren Gong. „Schafft Platz für Seine Exzellenz!“ Die goldbestickten Banderolen verkündeten in großen Buchstaben: *Seine Exzellenz, der hochverehrte Richter Dao-Li Song, Erster Bezirksrichter von Hai-po, ist dienstlich unterwegs*. Eigentlich wäre die schlichte namentliche Nennung seines Bezirksgerichts ausreichend gewesen an Information. „Macht Platz für Seine Exzellenz!“, befahlen die Ausrufer weiterhin lautstark, als würde der Kaiser höchstpersönlich die Stadt mit seinem Besuch beehren.

Die Anwesenheit von zwölf Trägern statt der üblichen acht war nicht umsonst: Sie mussten nicht nur den „hochverehrten Richter Dao-Li“ transportieren, der wahrscheinlich hinter den dicken seidenen Vorhängen auf ebenso seidenen Kissen ruhte, sondern vor allem auch den zahlreichen Schnickschnack, der die Sänfte verzierte und das gesamte Gefährt beschwerte: vergoldete Skulpturen, Wappen und Federbüsche in den Farben des Familienclans, dem der Richter angehörte.

Richter Di und seine Gefährten hatten keine andere Wahl, als der Sänfte schnellstmöglich auszuweichen, die mit einer Entschlossenheit an ihnen vorbeiraste, die niemand hätte bremsen können.

„Dao-Li?“, las Richter Di. „Wer ist denn das nun wieder?“

„Wie?“, entrüstete sich Lo. „Kennen Sie denn den Sohn des Grafen von Pu nicht? Der hat jedenfalls keinerlei finanzielle Probleme! Er entstammt einer alten und ehrwürdigen Familie, deren Einkünfte es ihm erlauben, mit einem derartigen Gefolge umherzuziehen, um seinen Rang vorzuführen. Also, den Rang eines edlen Erben, meine ich natürlich. Für all seine und unsere Ämter hat er nur Verachtung übrig, wie Sie sehr schnell feststellen werden.“

Als der Konvoi an ihnen vorübergezogen war, setzten sie ihren Weg zum Yamen fort. Lo erging sich derweil ununterbrochen über den ungerechten Vorteil der Geburt; Gedanken, die weder Alkohol noch Dichtkunst zu besänftigen vermochten. Di runzelte die Stirn bei der Vorstellung, dass die Hälfte der hiesigen Richter zu dieser geheimen Versammlung beordert worden war und dass man ihn, sollte der Präfekt von seinen persönlichen Fähigkeiten profitieren wollen, arglistig hintergangen hatte.

II

Richter Di lernt einen erstaunlichen Yamen kennen;
er nimmt an einem Bankett im Grünen teil.

Di und Lo betraten den Hof des Yamen, in dem sie ihren Gastgeber, den jungen Bezirksrichter der Stadt, vorfanden, der soeben den aus seiner Prunksänfte steigenden Dao-Li Song empfing.

„Oh, lieber älterer Bruder!", rief der Hausherr aus. „Endlich ein Mann, der mit seiner Pracht unserer Zunft den verdienten Glanz verleiht! Welche Freude, Sie hier zu sehen!"

Nachdem sie sich voreinander verbeugt hatten, verschwanden die beiden Männer Arm in Arm im Inneren des Gebäudes, gefolgt von einer langen Reihe Diener, die mit Lederkoffern und lackierten Holzkisten beladen waren.

„Er hat uns gar nicht gesehen", bemerkte Richter Di, während ihm ein Soldat die Zügel seines Reittiers abnahm.

„Mit dem Erscheinen des Phönix gleichen die anderen Vögel nur noch Steinen", kommentierte Lo typisch bildhaft. Seine Diener halfen ihm abzusteigen, damit er sich nicht die Knochen brach. Die Pferdeknechte gingen daran, auch die Tiere der übrigen Kollegen abzuschirren.

Ein grauhaariger Mann in Gerichtsuniform kam auf sie zu. Vermutlich sollte er sie empfangen, doch er machte eher den Eindruck, als wolle er zwei Landstreicher von einem Gelände verjagen, zu dem ihnen der Zutritt eigentlich verwehrt war.

„Entschuldigen Sie bitte die Abwesenheit meines Meisters, edle Herren Richter", sagte der Majordomus säuerlich. „Er wurde aufgehalten wegen des Empfangs eines hohen Gastes." Die beiden Neuankömmlinge tauschten einen wissenden Blick aus. Damit war der Ton angegeben. War der Diener nun unabsichtlich so ungeschickt gewesen, diese Formulierung zu wählen, oder sollten sie dem „hohen Gast" tatsächlich nicht ebenbürtig sein?

„Das kommt also dabei heraus, wenn man eine prunkvolle Sänfte mit ein paar Federbüschen verziert", flüsterte Lo seinem älteren Kollegen mit schwerem, nach Wein stinkendem Atem ins Ohr, während der liebenswürdige Diener sie zu ihren Gemächern geleitete.

Di wunderte sich, dass dieser Gerichtspalast in der Lage sein sollte, so viele Menschen bequem unterbringen zu können, noch dazu entsprechend den Erwartungen „hoher Gäste". So hoffte er, dass man sie nicht etwa auf dem Speicher einzuquartieren gedachte, um auf diese Weise bestimmten anderen Kollegen mehr Komfort bieten zu können.

„Dem Himmel sei Dank, dass uns dieser Andrang vor keinerlei Probleme stellt ", versicherte der Hofmeister. „Unser Haus ist ziemlich geräumig."

Normalerweise beherbergte ein Yamen all das, was zur Aufrechterhaltung der Ordnung einer Stadt notwendig war: das Gericht, das Gefängnis, die Polizeibehörde, Stadt- und Steuerverwaltung und die Amtswohnungen der Beamten: nämlich die des Richters, des Kriminalrates, des Steuereintreibers und eines Regierungsvertreters. Den beiden Richtern fiel jedoch sehr schnell auf, dass es hier in Pien-fu weder ein Gefängnis noch ein Gericht gab. Und auch die sonstigen Verwaltungseinrichtungen, die immer einen etwas traurigen und verstaubten Eindruck vermittelten, fehlten. Der Yamen wirkte vielmehr wie eine schicke Hotelanlage, die schlichte Kargheit, an die sie eigentlich gewöhnt waren, fehlte hier völlig: Dieses Gebäude schien weniger als Verwaltungszentrum einer Stadt zu dienen, sondern war eher wie ein Schloss eingerichtet. Sie durchquerten mehrere blühende Innenhöfe, einige brokatverzierte Räume sowie lange Reihen hübsch möblierter Gänge.

„Hier würde ich gern arbeiten!", konnte sich Lo Kuan-chong nicht verkneifen zu seufzen, als er vor einem Fenster stand, durch das man Vögel in benachbarten Bäumen und Sträuchern zwitschern hörte. „Und wenn ich dafür einen Pakt mit den tausend höllischen Dämonen des Tao unterzeichnen müsste! Ach,

Di! Warum haben bestimmte Menschen alles Glück dieser Welt?" Der Majordomus brachte die beiden in einem Flügel des Gebäudes unter, dessen Zimmer einen Blick auf einen hübschen Garten mit viel Moos und Steinen boten. Obwohl die Räume riesig und luxuriös waren, entschuldigte er sich dafür, dass er ihnen keine besseren Gemächer anbieten konnte. Lo wurde immer niedergeschlagener.

Die beiden Männer plauderten gerade auf dem Flur vor ihren Quartieren, als eine Tür geöffnet wurde. Ein grobknochiger Mann, ein bisschen größer als der Durchschnitt, dessen Aussehen dennoch jugendlich wirkte, starrte sie – wie bei kurzsichtigen Menschen üblich – aus zusammengekniffenen Augen an. Er war einfach gekleidet wie ein zweitrangiger Sekretär.

„Sind Sie es, Lo?", fragte er. „Ich wusste doch, dass ich diese leidenschaftliche Stimme kenne. Niemandem sonst hätte ich es verziehen, mich bei den Studien zu stören, in die ich gerade versunken war …"

Nachdem sie sich verneigt hatten, stellte Lo die beiden Männer einander vor: „Mein lieber Di Jen-dsiä, dies ist unser Kollege Shang Uchang, der beispielhafteste Musterschüler, dem ich je begegnet bin. Ich verachtenswerter Idiot bin weit hinter dem Genie gelandet, das hier vor Ihnen steht. Er hat ein Gedächtnis so tief und solide wie ein Marmorsteinbruch."

„Unser Freund Lo schmeichelt mir sehr", entgegnete Shang. „Haben nicht unsere Ahnen geschrieben: ‚Je schwächer der Zweig, desto größer erscheinen seine Früchte?' Ganz gewiss kennen Sie dieses Zitat aus Yang Zhemu, Kapitel XXV der offiziellen Ausgabe. Davon gibt es eine interessante Variante, die in einer früheren Ausgabe zu finden ist. Ich glaube jedoch, dass sie zu widerlegen ist, indem man …"

Bei der dritten durch die vermeintlich besten literarischen Schulen der Hauptstadt etablierten Variante klinkte Richter Di sich aus: Dieser Shang war eine Zitatenmühle. Diese unangenehme Angewohnheit des Mannes ließ ihn fast verzweifeln. Obwohl er wortreich gesprochen hatte, war dies eigentlich kein Gespräch gewesen. Man hatte den Eindruck, als blättere er nur in einer Sammlung alter Texte.

„Ich muss Ihre Kenntnis der Gründerschriften loben“, sagte Richter Di höflich, als er endlich ein Wort einwerfen konnte.

Richter Lo, der im Stehen zu schlafen schien, schlug vor, sich in ihre Zimmer zu begeben, um sich dort umzuziehen. „Da wir uns nun alle vor den Augen des Meisters versammeln werden, sollten wir doch einen guten Eindruck machen, nicht wahr? Werfen wir uns also in Schale!“

Sie verabschiedeten einander für den Moment und Richter Di schloss erleichtert seine Tür und damit die anstrengenden Kollegen aus. Während er sich auf die Abendzeremonie vorbereitete, stellte er einige Überlegungen an: Eine beachtliche Anzahl von Richtern aus der Gegend hatte sich also in Pien-fu eingefunden. Was mochte das bedeuten? Seine Vermutung, bei der Versammlung könnte es sich um die Küstenverteidigung handeln, hatte sich zerschlagen: Die meisten von ihnen waren mit der Leitung eines Bezirks im Landesinneren betraut. Einige verwalteten Bergdörfer, andere in der Ebene gelegene landwirtschaftliche Städte. Alles höchst verschiedene Regionen. Er sah keinen gemeinsamen Nenner, der sie verbinden könnte. Ging es vielleicht darum, ein weit verzweigtes Netz von Schwarzhändlern zu zerschlagen? Dies hätte freilich das Geheimnis der geschlossenen Versammlung erklärt. Aber eigentlich konnte eine Abordnung so zahlreicher Richter wohl kaum der mächtigen organisierten Unterwelt verborgen bleiben. Gegen wen wollte man hier also angehen? Doch hoffentlich nicht gegen sie selbst!

Da wurde an die Tür geklopft. Tan Jinxuan, ihr Gastgeber, der über ihre Anwesenheit informiert worden war, machte sich endlich die Mühe, sie persönlich zu begrüßen. Di war neugierig darauf, den glücklichen Sterblichen aus der Nähe zu sehen, dem diese prunkvolle Siedlung anvertraut war, die eigentlich eher einem ausgedehnten Vergnügungspark glich als einer gewöhnlichen Stadt. Jinxuan trug eine schöne Robe aus feiner goldbestickter Seide und dazu passende Schuhe. Er sah aus wie der Herr eines Landsitzes. Mit seinem souveränen Auftreten und der leutseligen Art wirkte er vollkommen entspannt, wie ein

Mensch, den schon seit Langem keinerlei Sorgen mehr bedrückt hatten.

„Seine Exzellenz, der Präfekt, wird höchstpersönlich an unserem Abendessen teilnehmen“, kündigte er an. „Was für eine Ehre für uns alle! Sie werden sehen, dass er sehr umgänglich ist, wenn man raue Schale des hohen Beamten einmal durchbrochen hat. Seine Liebenswürdigkeit ist übrigens auch der Grund dafür, dass man ihn mit der Leitung dieser Region beauftragt hat. In unserer Präfektur gibt es unzählige bedeutende Personen und man muss wissen, wie man sie bei Laune hält. Der Präfekt ist für einen Novizen wie mich ein gutes Beispiel.“

Richter Di zweifelte nicht daran: Er hatte seinen jungen Kollegen ja im Umgang mit Dao-Li beobachtet. Seine Art und Weise, potenziellen Freunden schmeichelhaft die Schulter zu klopfen, hatte er offensichtlich bereits perfektioniert. Di wollte die Gelegenheit nutzen, um endlich den Grund für ihre Zusammenkunft in Erfahrung zu bringen.

Tan blickte plötzlich schelmisch drein. „Aha, aha … Sie können es einfach nicht lassen, Fragen zu stellen, Di! Damit bestätigt sich, was man mir über Ihre außergewöhnlichen Fähigkeiten berichtet hat. Ich darf Ihnen zu diesem Thema leider nichts sagen, der Präfekt wird Ihnen heute Abend aber alles erklären. Die eigensinnigen Methoden unseres obersten Vorgesetzten sind ja hinreichend bekannt, nicht wahr?“

Sein Blick verlor sich in der Landschaft, die man vom Fenster aus überblicken konnte – im blühenden Buschwerk und den Dächern hinter der Umgrenzungsmauer.

„Was halten Sie von unserem bescheidenen Dorf?“, fragte er dann unvermittelt.

Richter Di antwortete, dass dies ein ganz wundervoller Ort sei, den er nur schwer wieder würde verlassen können. Über diese Bemerkung musste der Richter von Pien-fu lächeln.

„Stimmt genau, das ist auch absolut meine Meinung“, sagte Tan. „Einen solchen Aufenthalt einmal beenden zu müssen, erfüllt einen mit Bedauern. Dennoch … wird es eines Tages so kommen. Doch darüber werden wir heute Abend noch genügend sprechen.“

Er verabschiedete sich und kündigte an, dass sie kurz vor dem Abendessen noch von Dienern „zu einer brüderlichen und formlosen Unterhaltung unter Kollegen und Freunden" abgeholt würden.

Richter Di wusste nicht, was er aus diesem Gespräch für Schlüsse ziehen sollte. Er hatte das Gefühl, dass Tan sich über sie lustig machte, dass sie in eine Art Falle gelockt worden waren. Das Gefühl war zwar noch vage, doch seine Intuiti on sagte ihm, dass diese Zusammenkunft weder Hand noch Fuß hatte.

„Nun?", fragte Lo, der soeben seinen Kopf durch die Türöffnung steckte. „Haben Sie ihn gesehen, diesen Mann mit den offenbar richtigen Beziehungen? Den glücklichen Tan Jinxuan, dessen Aufstieg noch nie durch irgendein Hindernis beeinträchtigt, eine Wolke oder eine Enttäuschung getrübt wurde?"

Der Vorname Jinxuan, den Tan – wie es bei Männern üblich war, sobald sie erwachsen waren – selbst gewählt hatte, bedeutete *Fortgeschrittenes Rätsel*, was auf beachtliche Fähigkeiten in literarischen Studien hinwies. Nach Los Meinung war *Fortgeschrittenes Rätsel* eigentlich der Prototyp des kleinen ehrgeizigen Schlaukopfs, den ebenso diskrete wie wirksame Gönner auf diesen Posten in Pien-fu, der Stadt der tausend Brunnen, berufen hatten. Im Allgemeinen war dieser Bezirk Richtern als Anerkennung für geleistete Dienste vorbehalten, die am Ende ihrer Laufbahn standen. Dass Tan diesen begehrten Sessel erklommen hatte, sprengte die Tradition, die auf dem Sinn für Hierarchien gründete und im Blühenden Kaiserreich beinahe übertrieben stark ausgebildet war. Im Vergleich zu Tan Jinxuan waren sie alle nichts weiter als unschuldige, auf dem Gebiet der Intrigen völlig unfähige Einfaltspinsel.

Als er wieder allein war, konnte Di sich endlich frisch machen und seinen Haarknoten neu binden. Dann zog er seine kostbare grüne Galauniform an, die er bei offiziellen Anlässen trug, und holte aus seinem Gepäck seine schönste schwarz-geflügelte Kappe hervor.

Am frühen Abend klopfte ein Diener an die Tür.

„Wenn Eure Exzellenz es gestatten, so bin ich beauftragt, Sie zum Bankettsaal zu geleiten."

Auf dem Gang begegneten Sie einem weiteren Diener, der soeben Richter Lo an denselben Ort führte.

„Der Präfekt ist noch nicht anwesend", erklärte der Diener. „Unser Gebieter Herr Tan hat uns ersucht, Sie ins Vorzimmer zum Großen Saal zu geleiten. Er wünscht, dass Sie die Gelegenheit nutzen, sich dort mit ihren erlauchten Kollegen bekannt zu machen."

Es war üblich, einen Richter niemals in seiner Herkunftsregion zu ernennen, damit die Unparteilichkeit der Urteilsfindung gewahrt blieb. Aus dem gleichen Grund wurden sie auch etwa alle drei Jahre versetzt. So gab es kaum eine Gelegenheit, sich gegenseitig zu besuchen, da sie in unterschiedlichen Gegenden wohnten; sie kannten einander lediglich aufgrund des Rufes, den sie genossen, wobei jedem klar war, dass dieser oftmals genauso irreführend sein konnte wie die öffentliche Gerüchteküche.

Fünf ihrer Kollegen waren bereits eingetroffen. Sie saßen auf hübschen rot lackierten Sesseln, die durch Wandschirme voneinander abgegrenzt waren, und hatten dampfende Teetassen vor sich. Sie alle waren in grüne Roben gekleidet – die Farbe des Gerichtswesens –, und dies gab der ganzen Versammlung eine Art religiösen Anstrich. Hätte ihr Gastgeber nicht gelegentlich Informationen eingestreut, um die Gespräche zu beleben, in diesem Raum hätte Grabesstille geherrscht.

Tan Jinxuan, der lebhafte Hausherr, erhob sich beim Eintritt jedes Neuankömmlings und führte ihn zu den anderen, von denen der Sohn des Grafen von Pu offensichtlich seine besondere Gunst genoss: Man wurde schließlich nicht zum Liebling der Mächtigen, ohne seine Beziehungen geschickt zu wählen und zu pflegen. „Sie kennen doch zweifellos unseren Freund, Richter Lo?", fragte er Dao-Li.

Letzterer, ein Mensch, der lang und vertrocknet aussah wie eine goldbraune Heuschrecke, maß seinen Kollegen mit jene geringschätzigen Blick, der im Allgemeinen den Abkömmlingen alter Familien eigen war und sie dadurch auf einen unsichtbaren Sockel erhob.

„Wer hat noch nicht von den berühmten blumigen Wortgefechten von Tscheng-pa gehört?“, entgegnete der Aristokrat. „Die angesehensten Dichter nehmen doch an Ihren kulturellen Veranstaltungen teil. Ihre Feste haben entscheidend dazu beigetragen, Ihr Städtchen berühmt zu machen …“

Richter Lo wurde rot vor Freude und verbeugte sich tief, um seinen Dank für diese Liebenswürdigkeit zu bekunden. Er hätte sich diese Mühe jedoch sicherlich erspart, wenn er weiter zugehört hätte: „… und dadurch auch Ihr Ansehen unter den Ranghöchsten der Hauptstadt zu steigern“, fuhr Dao-Li fort. „Es ist sehr nützlich, dem Geschmack unserer geringer Gebildeten oder derjenigen, die sich für gebildet halten, zu schmeicheln, um heutzutage in seiner Laufbahn voranzukommen.“

Das „heutzutage“ klang ganz deutlich nach der Unterstellung, im Gegensatz zu ihm, dem Erben, dessen ursprüngliche Abstammung sich über mehrere kaiserliche Dynastien hinweg schlichtweg verlor, nichts weiter als ein Emporkömmling zu sein, der auf Intrigen und einfach-ordinäre Methoden zurückgreifen musste.

Lo, der sich eben noch angeschickt hatte, das Kompliment zu erwidern, stand nun mit offenem Mund da.

„Unsere kleine Feier fängt ja gut an“, dachte Richter Di.

„Und sicher kennen Sie alle auch Di Jen-dsiä, jenen geschickten Ermittler, dessen Brillanz unerreicht ist“, ergriff ihr Gastgeber wieder das Wort, den Di am liebsten mithilfe seiner Sandalen zum Schweigen gebracht hätte.

Seine Kollegen verneigten sich vor ihm in schönster Eintracht. Als sie sich wiederaufrichteten, waren die Ausdrücke in ihren Gesichtern allerdings recht unterschiedlich: Sie reichten vom angedeuteten Lächeln über hochgezogene Augenbrauen bis hin zu unverblümt zur Schau getragenem Zweifel.

Richter Di las ihre Gedanken wie in einem offenen Buch: Der eine dachte, dass dieser Ruf des nicht zu täuschenden Ermittlers reichlich übertrieben war, der andere wiederum beneidete ihn. Doch das allgemeine Interesse galt nun auch immer mehr dem

Zeitpunkt des Abendessens; man hatte genug davon, noch länger den Berichten über die angeblichen Wundertaten eines bekanntermaßen eifrigen Kollegen zu lauschen.

Ein Diener erschien und verkündete ihrem Gastgeber, dass der Präfekt nun angekommen sei. Man habe ihn geradewegs in den Bankettsaal geführt, wohin sich die Richter nun begeben sollten.

„Liebe Freunde", rief Tan Jinxuan, „ich schlage vor, unseren obersten Herrn nicht länger warten zu lassen."

Alle erhoben sich gleichzeitig aus ihren Sesseln. Eine unerwartete, jedoch wesentliche Frage stand plötzlich im Raum: die der Reihenfolge. Wer sollte der Erste sein, der eintrat? Wie sollte man sich aufstellen? Schulter an Schulter verharrten sie vor der Tür, bereit, die Schwelle zu überschreiten.

Ihr Gastgeber machte der Einfachheit halber einen Vorschlag: „Ich denke, dass ich als Herr des Hauses vorangehen sollte, wenn Sie erlauben."

Er versuchte, einen seiner Gäste wegzuschieben, doch der bewegte sich keinen Millimeter von der Stelle.

„Bemühen Sie sich nicht", sagte der alte Mei, indem er sich vor der Tür breitmachte. „Die Tradition verlangt, dass der Älteste unseres Kreises an der Spitze steht. Das gebietet die Ehre meines Alters."

Er strebte zum Ausgang. Shang Uchang, der versierte Kenner konfuzianischer Schriften, hielt ihn am Ärmel zurück: „Verzeihen Sie bitte, edler älterer Herr, aber ich denke, dass die erlangten Erfolge bei einschlägigen Wettstreiten höherrangig anzusehen ist als das Geburtsdatum. Sagt nicht Konfuzius: ‚Was bedeutet schon das Alter des Huhns, wenn es keine Eier mehr legt'?"

Da er die beste Note in der angesehensten Prüfung errungen hatte, verstand sich diese Schlussfolgerung von selbst. Er schritt auf die Tür zu, als der Schwiegersohn des Präfekten seine Hand mit den sorgfältig gepflegten Nägeln hob.

„Ich dagegen denke, dass mir aufgrund meiner familiären Beziehungen eine Vorrangstellung in diesem Hause gebührt", meinte Kien Fang-te, der die Tochter seines obersten Gebieters nicht geheiratet hatte, um jetzt hinter den Kollegen, die eines solchen Opfers unfähig waren, zurückzustehen. „Wenn Sie, mein werter Freund, vorangehen, geht das, glaube ich, in Ordnung“, sagte der Sohn des Grafen von Pu. „Für den Ruhm meiner Vorfahren gäbe es hier ohnehin keine Konkurrenz.“

„Aber es sind ja nicht Ihre Ahnen, die heute Abend empfangen werden“, sagte jetzt Lo, der die tückischen Bemerkungen über die blumigen Wortgefechte auf seinen Veranstaltungen noch nicht verwunden hatte. „Sie werden uns gestatten, dass wir Ihnen in diesem Punkt nicht folgen. Es scheint mir, dass dem Verdienstvollsten von uns allen diese Ehre gebühren sollte … und das ist mein bemerkenswerter Freund Di Jen-dsiä!“

Di seufzte. All sein Bemühen um Diskretion war damit umsonst gewesen; er sah sich nun gegen seinen Willen doch noch in diese bedauerliche Zurschaustellung von Eitelkeiten verwickelt.

„Verdienste!“, rief der alte Mei. „Sprechen wir darüber! Über die berühmten Ermittlungen Di Jen-dsiäs gibt es ja wohl viel zu sagen. Die Hauptstadt wird nicht müde, uns vorzuwerfen, dass wir nicht über die gleiche Weisheit verfügen wie der unglaubliche Herr Di! Wir werden aber nicht hinter dem Mann einherschreiten, der uns den Beruf vergällt! Übrigens scheint mir, dass ich als Ältester ja wohl auch die meisten Verdienste vorzuweisen habe!“

Dao-Li brach in Gelächter aus, andere prusteten in ihre Ärmel oder in ihren Bart. „Sprechen Sie nicht von Begriffen, deren Zeichen Sie nicht einmal malen können, edler Kollege“, sagte der Sohn des Grafen. Der alte Mei zog sich in seinem verletzten Stolz zurück, seine Augen aber schleuderten Blitze in Richtung des Mannes, der ihn soeben beleidigt hatte.

„Liebe Freunde! Liebe Freunde!“, rief Tan Jinxuan, der von der Situation völlig überfordert war. „Ich bitte Sie! Seien Sie vernünftig! So kommen wir doch nicht weiter! Vorwärts! Alle in einer Reihe hinter mir her!“

Für dieses eine Mal waren sie nun alle einer Meinung: „So bestimmt nicht!“, antworteten sie im Chor und drängten zur Tür hinaus. Richter Di sah ihnen noch einen Augenblick lang dabei zu, wie sie sich wie die Lumpensammler miteinander stritten, als ihn der Anblick aber schließlich ermüdete, glitt er diskret durch einen Türspalt und betrat den Bankettsaal.

Der große Raum mit der hohen Decke war in regelmäßigen Abständen mit Stoffbändern bespannt, die zahlreiche Sprüche zum Ruhm des amtierenden Kaisers und Elegien zu Ehren des Friedens, des Wohlstands und anderer Errungenschaften höchst elegant kalligrafisch wiedergaben und von der aufgeklärten Verwaltung des Landes kündeten. Anrichten bespannt mit roten Tüchern waren mit unzähligen Tellern, Stövchen und Korbflaschen beladen. In einer Ecke des Saales waren drei lange Tische hufeisenförmig zusammengestellt. Ein älterer Mann mit grauem Haar, der eine edle nachtblaue Bluse trug, saß in der Mitte des Raumes auf einem Stuhl. Richter Di verbeugte sich so tief wie möglich.

„Seine Exzellenz Di Jen-dsiä, der Bezirksrichter von Peng-lai“, verkündete der neben dem Eingang stehende Hofmeister.

Der Präfekt verharrte einen Augenblick in Schweigen, bevor er ihm bedeutete, näherzutreten. „Dies ist also der berühmte Di aus Peng-lai“, murmelte er, als würde er laut denken.

„Die ehrfürchtige Person, die vor Ihnen steht, verdient keinesfalls diesen Ruhm“, entgegnete der Richter höflich. Der Präfekt lächelte.

„Glauben Sie mir, wenn Sie so weitermachen, kann Ihr Ruhm nur wachsen. Letztendlich werden Sie noch kaiserlicher Berater, Di! Ihre ausgezeichneten Fähigkeiten sind übrigens auch der Grund, weshalb ich Sie hierherbestellt habe.“

Di war beruhigt zu erfahren, dass man ihn nicht eingeladen hatte, um eine Auswahl grotesker Hampelmänner zu vervollständigen. Die Anspielung des Präfekten bot eine Gelegenheit, endlich den Grund für seine Anwesenheit innerhalb dieser Mauern zu erfahren. Er schickte sich daher an, die Frage, die ihm auf den Lippen brannte, endlich zu stellen, als sein Gebieter sich erkundigte, wo denn die sechs anderen Richter geblieben seien.

„Sie sind mit der Lösung eines dialektischen Problems von enormer philosophischer Tragweite beschäftigt“, antwortete Richter Di. In diesem Augenblick bemerkten jene Experten der Eitelkeit, dass sie hereingelegt worden waren, und platzten alle zusammen in den Saal.

Die ersten, die sich gefangen hatten, warfen dem vermeintlichen Sieger wütende Blicke zu. Sein Geschick, die Situation zu seinen Gunsten für den Vortritt zu nutzen, hatte nicht dazu beigetragen, ihm ihre Sympathien zu verschaffen. Sie stellten sich in einer Reihe auf und verbeugten sich vor dem Ehrengast, der jedoch lediglich mit einer leichten Kopfbewegung reagierte.

„Setzen Sie sich doch hierher", sagte er zu Tan Jinxuan und deutete auf den leeren Stuhl neben sich. Die Diener führten jeden Richter nun auf den ihm zugewiesenen Platz. Der schöne Kien Fang-te war sichtbar enttäuscht, dass sein Schwiegervater es für geboten hielt, die Regeln der Gastlichkeit über die Blutsbande zu stellen. Die sechs eingeladenen Richter setzten sich an die zwei noch unbesetzten rechtwinklig abgehenden Tische. Aufrecht und regungslos saßen sie vor ihren Gedecken, wie Kinder, die auf das Zeichen ihrer Mutter warten, sich über ihre Teller hermachen zu dürfen.

„Ich bitte Sie, genug der Etikette", sagte der Präfekt. „Es handelt sich ja nur um ein kleines informelles Abendessen – zu Ihrer aller Ehren. Richter Tan, Ihr Gastgeber, und ich hatten die Idee, Sie hierher einzuladen, um auf diese Weise eine delikate Angelegenheit zu klären, nach deren Lösung wir bisher vergeblich suchen. Wir vertrauen auf Ihre geistigen Fähigkeiten, um dieses Problem aus der Welt zu schaffen."

Die Richter warfen sich diskret verwunderte Blicke zu. „Aber es wäre sträflich von mir, Sie nach Ihrer langen Anreise noch weiter hinzuhalten."

Er griff nach seinen Stäbchen, um das Bankett zu eröffnen. Di hätte das Probieren der gebackenen Krustentiere, die man ihm vorsetzte, bereitwillig noch ein wenig aufgeschoben. Er empfand das Verhalten des Präfekten als ausgesprochen grausam und zweifelte nicht daran, dass es seinen Kollegen genauso ging. So tauschten die Tischgenossen etwa eine Stunde lang die banalsten Ansichten aus; einige von ihnen erzählten geschmackvolle Anekdoten, allerdings vor allem zu dem Zweck, den Konfuziusspezialisten davon abzuhalten, ihnen endgültig den Appetit zu verderben.

„Nun gut, ich denke, dass es jetzt an der Zeit ist, uns ernsthafteren Dingen zuzuwenden“, erklärte dann plötzlich der Präfekt, indem er sich die Hände rieb. Er warf Richter Tan einen vielsagenden Blick zu.

„Gewiss, Herr Präfekt“, entgegnete dieser beflissen.

„Endlich!“, dachten sechs Gehirne einhellig. Tan bedeutete seinem Hofmeister, einen Vorhang beiseitezuschieben, um so den Blick auf eine Gruppe von Tänzerinnen in luftigen Kleidern und mit äußerst komplizierten Frisuren zu lenken. Hinter ihnen drängelten sich Musiker, während sich die jungen Frauen vor der erhabenen Versammlung verneigten. Die Musik schwoll an, und sie setzten sich anmutig in Bewegung. Dabei hatten die inzwischen verzweifelten Gäste eine ganz andere Art der Darbietung erwartet.

„Man macht sich lustig über uns“, flüsterte Shang Uchang seinem Tischnachbarn Richter Di ins Ohr. „Diese beiden werden uns den ganzen Abend an der Nase herumführen.“

Als die Tänzerinnen mit ihrer Aufführung fertig waren, bedachten der Präfekt und ihr Gastgeber sie mit kräftigem Applaus, der Rest der Versammlung reagierte eher zurückhaltend. Dann nahm der Präfekt, als wäre nichts geschehen, erneut seine Stäbchen zur Hand, um sich wieder seiner Vorspeise zu widmen.

Mit seiner Geduld am Ende, ergriff sein Schwiegersohn das Wort: „Lieber Vater, ich denke, dass ich auch im Sinne meiner Kollegen spreche, wenn ich Sie nun demütig bitte, uns doch den Grund für diese Tagung zu nennen – vorausgesetzt natürlich, dass vorher nicht noch eine wichtige Bärentanzeinlage oder der Auftritt eines Schwertschluckers vorgesehen sind.“

„Ach ja!“, sagte der Präfekt, als hätte er sich just in diesem Moment selbst wieder daran erinnert. „Da ist sie, die ungestüme Ungeduld der Jugend. Nun, wie einige von Ihnen bereits wissen, ist unser hier anwesender Tan Jinxuan in die Hauptstadt berufen worden, um dort einen Posten von höherer Verantwortung anzutreten. Dazu werde ich Ihnen jetzt nicht mehr sagen; es sollte Ihnen genügen zu wissen, dass er seine brillanten Fähigkeiten dort in vollem Umfang wird einsetzen können.“

Di vermutete, dass es sich um nichts anderes handelte, als an offiziellen Zeremonien teilzunehmen und dabei korrupten Ministern und senilen Generälen die Füße zu küssen.

„Viele von Ihnen, die zweifellos bereits gerüchtehalber davon gehört haben, ließen mich wissen, dass sie gern seinen Posten hier übernehmen würden. Ich denke, dass dieser Diensteifer nicht zuletzt dem Glücksgefühl geschuldet ist, das man verspürt, wenn man in Pien-fu weilt; ich verstehe das nur allzu gut."

Die Richter warfen sich erstaunte Blicke zu, wie Bewerber, denen mit einem Mal bewusst wird, dass sie alle um die Gunst derselben Braut geworben haben.

„In der Tat", fuhr der Präfekt fort, „musste ich feststellen, dass die meisten Richter der benachbarten Regionen schon ihr Interesse an diesem Posten bekundet haben, noch bevor er frei geworden ist. Wie Sie wissen, ist es meine Aufgabe, dem Ministerium die infrage kommenden Kandidaturen zu melden, wobei man meine Einschätzungen sicher berücksichtigen wird. Ich war also gezwungen, eine Wahl unter jenen zu treffen, die ich als der Aufgabe am würdigsten erachte. Würdig – das sind Sie alle auf die ein oder andere Weise: Einer stammt aus einer sehr alten und angesehenen Familie, ein anderer ist der erfolgreiche Veranstalter aufwendiger literarischer Zusammenkünfte, an denen schon die einflussreichsten Gelehrten teilgenommen haben. Der Nächste hat auf diskrete Weise den interessanten Ruf eines Detektivs erworben, der mit nicht gerade klassischen Methoden ermittelt. Wieder ein anderer hat den höchsten Rang in der Hierarchie erklommen, indem er die Prüfung in der wichtigsten Kategorie als Bester seines Jahrgangs abgelegt hat. Ein weiterer profitiert von seinem hohen Dienstalter; dies allein hätte früher genügt, um ihm den Vorzug zu geben. Der Letzte schließlich steht mir persönlich am nächsten, weshalb es mir unmöglich ist, die für ihn sprechenden Argumente zu ignorieren, denn er gehört meiner Sippe an."

Di fragte sich, was er hier eigentlich zu suchen hatte. Er hatte sich für gar nichts beworben und dies aus gutem Grund: Von diesem Versetzungsvorhaben hatte er bisher überhaupt nicht gewusst. Außerdem hegte er keinerlei Interesse an diesem Posten.

Pien-fu war nach seinem Geschmack viel zu friedlich. Lediglich eine abscheuliche Kloake, in der es vor Widerlingen nur so wimmelte, hätte ihm genügen Beschäftigung für einen Aufenthalt von drei Jahren geboten. Er fragte sich also, weshalb man ihn zu dieser Zusammenkunft eitler Faulenzer hinzugezogen hatte.

„Sie werden verstehen“, fuhr der Präfekt fort, „dass ich ein paar Tage brauchen werde, um zu entscheiden, wen von Ihnen ich als zukünftigen Bezirksrichter von Pien-fu empfehlen kann. Und jetzt wollen wir uns unterhalten. Sie werden zufrieden sein, Kien: Ich glaube, dass unser guter Tan tatsächlich einen Bärenführer engagiert hat.“

Daraufhin erschien denn auch ein großer brauner Bär im Saal, der sich langsam auf seinen Tatzen vorwärtsbewegte. Die Zuschauer waren allerdings davon überzeugt, dass das eigentliche Schauspiel nicht vor ihren Augen, sondern an ihrer Tafel geboten wurde, wo über düsteren Gedanken gebrütet und so getan wurde, als genieße man ein Abendessen, das in Wirklichkeit niemandem schmeckte. Dieses Schauspiel waren sie selbst. Das Lächeln in der Ecke des Präfekten und ihres Gastgebers half keineswegs dabei, die Verletzung ihres Selbstwertgefühls zu mildern

III

Richter Di besucht eine schöne Stadt; das Wasser erweist sich als furchterregende Waffe.

Nach einer ziemlich schlecht verbrachten Nacht wurden die Richter in den Ehrensaal geführt, wo sie ihr Gastgeber erwartete. „Ich habe das seltsame Gefühl, wieder im Studentenheim meiner Jugend zu sein", sagte Lo, als sie durch die Gänge schritten. „Wir werden an die Hand genommen wie kleine Kinder."

Tan Jinxuan teilte ihnen mit, dass sie den Präfekten nicht wiedersehen würden, da er wegen einer Vorladung der Militärbehörde hatte abreisen müssen. Ob dieser Neuigkeit waren die Richter verwundert: Erst hatte er sie hierhergerufen und nun ließ man sie auch schon wieder allein, kaum, dass sie angekommen waren! Es fiel ihnen äußerst schwer, übergangslos aus ihrer absoluten Vormachtstellung in ihren jeweiligen Bezirken nun zu Untergebenen degradiert zu werden, die man vernachlässigen konnte.

Lediglich der schöne Kien Fang-te freute sich über diesen Programmwechsel: Weshalb war es für seinen Schwiegervater denn notwendig, die anderen Richter überhaupt kennenzulernen? Beförderungen sollen doch nur innerhalb der Familie vorgenommen werden! Er sah in diesem widrigen Umstand ein sehr gutes Omen für seinen beruflichen Ehrgeiz, für den er schließlich bereits ohne zu zögern einen sehr hohen Preis in Form seiner eigenen Person gezahlt hatte.

Tan hatte für sie eine Erkundungstour seiner herrlichen Stadt vorbereitet.

„Wozu zeigt er uns etwas, das wir niemals besitzen werden?", brummte Shang, der Akademiker, in Richter Dis Rücken.

Man ließ sie in mehrere kleine, elegante Sänften mit offenen Seiten steigen, die von den Trägern sofort angehoben wurden. Als sie den Yamen verließen, erwartete sie eine Kinderschar, die Rosenblätter auf ihren Weg warf, als fände eine Prozession geheiligter Gottheiten statt.

„Offensichtlich fließt in dieser Stadt das Geld in Strömen", knurrte der alte Mei Haodi, als er an der Sänfte Richter Dis vorbeikam. „Was für ein Aufgebot unnötigen Gepränges! Militärische Errungenschaften und Rosenblätter: Das ist fürwahr eine Zusammenfassung der aktuellen Politik."

Sein Ton wirkte gleichermaßen ehrlich verbittert wie genüsslich gemein. Sie durchquerten die Stadt in einer Kolonne. Unter den neugierigen Augen von Spaziergängern brachte sie Tan zunächst zu den Kaskaden, die sowohl Symbol als auch Schmuckstück des Ortes waren. Das Wasser fiel aus einer Höhe von etwa zwölf Metern herab und bildete ein prächtiges und tönendes Schauspiel zugleich: Ein weites, von einem Geländer umgebenes Becken empfing ununterbrochen sprudelndes Wasser. Rundherum erstreckte sich ein Park mit schattigen Alleen, zahlreichen Trauerweiden und Bänken, die die Besucher zum Ausruhen oder zur bequemen Betrachtung der herrlichen Natur einluden, die ganz dem chinesischen Schönheitsempfinden entsprach. Maler verkauften ihre farbigen Aquarelle als Souvenirs, Gaststätten boten Sirup und eine große Auswahl aromatischer Tees an, zu deren Verkostung Tan Jinxuan sie einlud. Dann führte er sie im Gänsemarsch zum besten Restaurant der Stadt, das aufgrund der Heilquellen für seine Auswahl an Mineralwasser berühmt war. Tan kündigte an, dass man ihnen überdies diverse kulinarische Genüsse aus der Region kredenzen würde.

„Endlich etwas Handfestes", freute sich Lo.

„Die Spezialität von Pien-fu besteht darin, Fleisch und Gemüse in dem Wasser der verschiedenen Quellen zu kochen. Im Anschluss wird die Einlage entfernt und die reine Brühe serviert. Die eigentliche Raffinesse besteht darin, nur diese zu schlürfen", versicherte Tan, dessen Schlankheit dadurch plötzlich eine natürliche Erklärung erhielt. „Die bestausgebildeten Gaumen müssen in der Lage sein, die Herkunft des Wassers zu bestimmen; dies ist dann das Zeichen dafür, dass das Gericht gelungen ist.

Weder Fleisch noch Gemüse noch Gewürze dürfen den ursprünglichen Geschmack verderben."

„Nennen Sie das ein Gericht?", bellte Mei Haodi, der sich selbst in gröbsten finanziellen Engpässen noch nie an eine derart strikte Diät gehalten hatte. Dies war eine Küche für Kurgäste, die ihre kranke, vor lauter Exzessen angeschlagene Leber behandeln wollten.

„Das Gericht, das am häufigsten gewählt wird, ist Haifischbrühe", sagte Tan.

„Sie meinen wohl Haifischflossensuppe?", berichtigte ihn Shang, der Akademiker.

„Im Grunde ja, aber noch verfeinert", erklärte Tan. „Die Flossen werden bei der Zubereitung schon vor dem Servieren entfernt, auf diese Weise ist es viel besser zu verdauen."

„Dieser Ort ist die Hölle im Paradies", schloss Lo auf die Brühe in seiner Schüssel starrend.

„Und was die Eier betrifft, serviert man wohl nur die Schale?", fragte Dao-Li, der nach einer kleinen Garnele fischte, die zwischen zwei winzigen Algen schwamm.

Danach brachten die Sänften sie in ein Etablissement des Kurbereichs, das im gebirgigen Teil Pien-fus lag. Hauptsehenswürdigkeit waren die zahlreichen Mineralwasser- und Schwefelquellen neben unendlich vielen Becken, die mit vulkanischem Wasser gefüllt waren, berühmt für seine mannigfaltigen Therapiezwecke.

Das zweistöckige Gebäude war im unteren Teil für Frauen bestimmt, während der obere den Männern vorbehalten war. Tan hatte diesen gemietet, um seine Gäste zu beeindrucken. Nach einer endlosen Reihe von Zimmern – eines schöner als das andere und jedes von Dienern und Badejungen bevölkert, die sich beim Vorbeikommen respektvoll vor ihnen verbeugten – betraten sie einen Raum, der mit Bänken und Regalen eingerichtet war, in dem sie sich umkleideten.

Die in die Felsen eingehauenen Becken waren mit derart heißem Wasser gefüllt, dass es geradezu dampfte. Es floss von einem Behälter in den nächsten und wurde dabei jedes Mal ein wenig kühler, sodass der Kurgast seine Badetemperatur ganz gemäß seinem persönlichen Geschmack wählen konnte.

Richter Di fiel auf, dass jeder seiner Kollegen unter den mehrfachen Schichten ihrer gepolsterten Mäntel genau den Körper aufwies, der zu ihrem jeweiligen Lebenswandel und ihrer geistigen Einstellung passte: Lo stellte mit seinen kräftigen Rundungen die eigene körperliche Untätigkeit unter Beweis, der alte Mei war knochig und hager wie ein Raubvogel, Dao-Li und Shang waren beide lang und ausgemergelt, Ersterer aufgrund seines trockenen Charakters, der Zweite, weil er vermutlich noch nie seine Bibliothek verlassen hatte. Kien Fang-te, gänzlich nackt, zeigte sich in all seiner sorgfältig gepflegten Schönheit, die einerseits den größten Trumpf in seiner bisherigen Karriere darstellte, andererseits aber auch ihr größtes Hindernis war. Di verfügte über den kräftigen Körperbau eines kampfsporterfahrenen Mannes – ein wertvoller Vorteil bei seinen gefährlichen Ermittlungen, die er meist ganz allein durchführte.

Während sie sich nun – schläfrig vom Gluckern des lauwarmen Sprudels – im Dampf entspannten und an die Wände der Felsen lehnten, die von nunmehr 20 Jahrhunderten herabfließenden Wassers glatt geschliffen waren, servierten ihnen die Angestellten des Hauses zum wiederholten Mal einen Imbiss, der im Wesentlichen aus der örtlichen Spezialität bestand: Wasser.

Tan Jinxuan rühmte als Sachverständiger höchstpersönlich bei jeder Flüssigkeit deren Härtegrad, Salzgehalt oder den Sprudel. Di hätte bis zum heutigen Tag nicht gedacht, dass Wasser derart widerlich schmecken konnte. Seine Kollegen entledigten sich diskret der Gläser, die ihnen von den Dienern gereicht wurden, indem sie sie in ihre Badewannen entleerten. Alle fünf Minuten verschwand der eine oder andere in den Nebenzimmern, um seine Blase zu entleeren. Lo, der diese Art von Getränken überhaupt nicht gewohnt war, glaubte, in diesem ungenießbaren eisenhaltigen Wasser sogar innerlich zu ertrinken.

„Sie sollten ein Gedicht über diesen Tag schreiben“, schlug Kien Fang-te vor.

„Bei dieser Art Ganzkörperüberflutung“, antwortete der Dichter, „sind alle meine Kräfte von meinem Bemühen zu überleben beansprucht." Er kroch aus dem natürlichen Becken, um sich auf die Suche nach einer Flüssigkeit zu machen, die den abscheulichen Geschmack des Wassers aus seinem Mund vertreiben konnte.

Jedes Mal, wenn einer von ihnen versuchte, sich davonzumachen und sein Bad zu verlassen, wurde er von drei kräftig gebauten jungen Männern geschnappt, in heiße Tücher gehüllt und in eine Nische des Alkovens verbracht, aus der alsbald die Geräusche von Schlägen und lautes Rufen zu vernehmen waren.

„Glauben Sie, dass dieser Tan uns eventuell eliminieren möchte?", fragte der alte Mei ängstlich

– und das war möglicherweise nicht einmal vorgetäuscht. „Hat er vielleicht beschlossen, seinen Posten doch zu behalten?"

Di blieb so lange im Bad, wie er konnte. Zuletzt, als er kurz vor dem Siedepunkt stand, beschloss er jedoch, keinesfalls als Hummer enden zu wollen und überließ sich den gewaltigen Händen der Masseure. Diese verwöhnten ihn mit den „acht Köstlichkeiten von Pien-fu", acht traditionellen Massagetechniken, bei denen verschiedenste Utensilien verwendet wurden, die auch die besten Henker seines Gerichts nicht verschmäht hätten.

Der Sohn des Grafen von Pu erlitt auf einem benachbarten Tisch dasselbe Schicksal. „Wenn ich erst mal Richter in dieser Stadt bin", versprach Dao-Li, „werde ich die Badesteuern verdoppeln! Das wird die Leute lehren zu denken wie ich! Da müsste schon einiges zusammenkommen, damit ich noch mal einen Fuß in eine dieser Folterhöhlen setze."

In ihrer Nähe vernahmen sie diverses Gekicher.

„Da müsste tatsächlich einiges zusammenkommen", knurrte der alte Mei mit einem boshaften Lächeln hinter seinem Rücken. Während der langen, schmerzhaften Prozedur grübelten sie unentwegt über die Frage nach, wer denn nun von ihnen die besten Chancen hatte, das Wohlwollen des Präfekten zu gewinnen.

Lediglich Kien Fang-te trug in seiner Eigenschaft als nicht zu ersetzender Schwiegersohn große Gelassenheit zur Schau, was seinen Konkurrenten nichts als Spott entlockte. Sie legten sogar die reinste Hinterhältigkeit an den Tag. Mei beispielsweise vergaß Lo „versehentlich" an der Bar des Badehauses, nachdem er ihn dort dazu angeregt hatte, einige lokale Spezialitäten zu probieren, die weitaus anregender waren als Mineralwasser. Die Strafe ließ nicht auf sich warten. Als Mei in die Gärten hinabstieg, reichte ihm DaoLi freundlich die Hand, um ihm beim Überqueren eines künstlichen Baches behilflich zu sein. Aber merkwürdigerweise machte er dabei eine falsche Bewegung, die zur Folge hatte, dass der alte Mann ins Schilf stürzte. Kurz darauf schickte der schöne Kien den Akademiker Shang eine unwegsame Treppe hinunter, die dieser alsbald mit dem Gesicht voran hinabglitt. Er entschuldigte sich dafür, indem er erklärte, nicht bemerkt zu haben, wie kurzsichtig der Kollege sei. Seinem Gesichtsausdruck nach zu urteilen, konnte man jedoch vom Gegenteil ausgehen.

Dieses tückische Konkurrenzverhalten war nicht gerade dazu geeignet, von den Vertretern der kaiserlichen Verwaltung eine gute Meinung zu bekommen.

Tan, der perfekte Gastgeber, führte sie nun zum Abendessen an einen Ort, den er als „die schönsten Privatgärten der Gegend" bezeichnete, ohne dies weiter auszuführen. Es handelte sich um eine Ansammlung mehrerer Pavillons, die sich in einem mit Bäumen bepflanzten, eingefriedeten Grundstück befanden. In bezaubernd raschelnden Seidenkleidern traten in bunter Folge zur ihrer Erheiterung Tänzerinnen, Sängerinnen und Musikerinnen auf. Selbst die Unerfahreneren unter ihnen brauchten nicht lang, um zu begreifen, dass sie sich in einem – wenn auch sehr eleganten – Freudenhaus befanden.

„Das ist doch ein Bordell!", rief Mei Haodi plötzlich verblüfft. „Sie haben uns an einen Ort der Verworfenheit gebracht!"

Tan entgegnete in einem Anflug von Heiterkeit, dass er lieber von einem ‚Haus der Begegnungen der Extraklasse' spreche, das zu Entspannung und Geselligkeit einlade. Dem einzigen Ort der Stadt überdies, an dem man in vorzüglicher Gesellschaft speisen und sich die Schultern oder die Zehen behutsam von charmanten Hostessen kneten lassen könne.

Di blickte zum Himmel auf. Er konnte sich den rasanten Aufstieg Tan Jinxuans immer besser erklären: Dieser Mann verstand es ausgezeichnet, die Schwächen und heimlichen Neigungen seiner Mitmenschen ohne Tabus und mit der größten Ungezwungenheit zu bedienen, um sie zu verwöhnen. Zweifellos fände dieser perfekte Gastgeber auch nichts dabei, ihnen vorpubertäre Mädchen oder kleine Jungen zu beschaffen …

„Gewiss auch noch alles mit öffentlichen Geldern", brummte der alte Mei, der sich darüber ärgerte, wie sehr sich die Zeiten seit dem Beginn seiner Laufbahn geändert hatten.

Dao-Li fing an zu lachen. „Jetzt reiten Sie doch nicht so auf den guten Sitten herum, Mei! Einer meiner Vorfahren, ein Minister, hatte acht Hauptfrauen, und sein Harem bestand noch einmal aus 32 Nebenfrauen! Während der Regierung der Sui-Kaiser war man da nicht so kleinlich."

„Überhaupt", fuhr Kien Fang-te fort, „trägt das doch zur Unterstützung der guten Ernährung in dieser Stadt bei. Man bekommt zwar nur Wasser serviert, aber immerhin wird es von einer ‚zarten Blume' gereicht!"

Er versetzte einem jungen Mädchen, das sich soeben lachend vor den zornigen Augen des alten Richters auszog, einen Klaps auf das Hinterteil.

„Wenn ich den Posten in Pien-fu erhalten sollte, werden sich gewisse Dinge ändern", erklärte Mei Haodi mit einem nicht gerade liebenswürdigen Blick auf die übermäßig geschminkte Matrone, die den Damen ihre verschiedenen ‚Dienste' zuwies.

Die übertriebene Gelassenheit der Dame verriet, dass sie die Drohung sehr wohl gehört hatte. Meis Kollegen lächelten säuerlich, denn er hatte sich mit den Damen von der leichten Zunft angelegt, noch bevor er hier in Amt und Würden war. Welcher Richter mochte sich rühmen, eine Stadt ohne die Mitwirkung von Kurtisanen leiten zu können? Schließlich waren von ihnen wesentliche Informationen über alle ihre Mitbürger, sowohl der Ober-, als auch der Unterschicht, zu erhalten. Meis

Vorankündigung wies ihn daher bereits jetzt als absolut ungeeignet aus.

Eine der Terrassen war für sie reserviert worden, um dort ihr Bankett halten zu können, damit sie nicht mit den betuchten Stammgästen zusammentrafen, die sich allabendlich an diesem exklusiven Ort einfanden. Kien gierte wie ein ausgehungerter Wolf nach langer Fastenzeit: Appetitliche und frische junge Frauen drängten sich um ihn und setzten ihr professionelles Lächeln auf, um ihn zu umgarnen. In seinem Gesicht war klar zu erkennen, dass er fest entschlossen war, den Posten zu gewinnen: Hätte man ihm in diesem Augenblick einen Säbel gegeben, er wäre dazu imstande gewesen, sowohl Gattin als auch Schwiegervater abzumurksen, allein um den Vorzug zu erhalten.

Einige Stunden später, nachdem man Kien aus den Armen der bezaubernden Frauen gerissen und Lo, der mit schwerer Zunge Gedichte gegrölt hatte, den Mund gestopft hatte, kehrten die Richter zum Yamen zurück.

„Das war mal ein gut ausgefüllter Tag“, stellte Shang fest und warf einen spöttischen Blick auf die erschöpften Kollegen, die weniger asketisch gewesen waren als er. Schließlich bedankten sich alle bei ihrem Gastgeber für die Vorführung der städtischen Sehenswürdigkeiten, während zwei Diener Richter Lo aus seiner Sänfte hievten, in der er so stark schnarchte, dass er das ganze Gebäude hätte wecken können.

Das mineralhaltige Felsenwasser und die schmackhafte örtliche Küche, mit der man sowohl die Barbaren als auch die wildesten Bewohner des Nordens hätte vergiften können, machten der Verdauung des Richters Di zu schaffen. Er hatte sich gerade hingelegt, als er auch schon wieder das Bedürfnis verspürte, aufzustehen und ein paar Schritte zu gehen. Deshalb trieb er sich ein Weilchen in den vom Mondschein erleuchteten Gängen herum. In einem Korridor war plötzlich nahes Gemurmel zu vernehmen.

Tan überbrachte Kien Fang-te ein an den Präfekten gerichtetes Schreiben, das seine Sekretäre abgefangen hatten.

„Es erschien mir geraten, Ihnen das hier persönlich zu übergeben“, bemerkte er dabei mit nicht überhörbarer Doppeldeutigkeit. „Es handelt sich um eine, sagen wir, heikle Angelegenheit.“

Ein indiskreter Mensch hatte es für nötig erachtet, anonym einen ziemlich unerfreulichen Brief zu verfassen. Darin berichtete er dem obersten Gebieter in deftigen Einzelheiten von verschiedenen ehelichen Seitensprüngen, die seiner Tochter Anlass zu Klagen geben würden. Der Brief war aus dem Palast selbst gekommen. Offensichtlich hatte einer der Kollegen beschlossen, Kien auf diese Weise aus dem Auswahlverfahren zu eliminieren. Dies war freundlich ausgedrückt ein recht niederes Vorgehen.

Tan erwähnte beiläufig, dass er wohl als einziger nicht als Verfasser infrage käme, denn zu einem solchen Mangel an Stil würde er sich niemals herablassen.

Kien zerknüllte wütend das Stück Papier, wobei er unentwegt über den Hund schimpfte, „der sich eine derart schändliche Haltung“ erlaubte. „Alles Lügen! Solch eine Niedertracht! Die Menschen erfinden irgendetwas!“

„Ohne Frage“, stimmte Tan etwas zu übertrieben liebenswürdig zu. Dann zog er ein weiteres Schreiben aus dem Ärmel. „Mein Sekretär hat übrigens auch noch dieses zweite Schreiben entdeckt, das gleichfalls an Seine Exzellenz adressiert ist. Das Schreiben spricht von kleineren finanziellen Veruntreuungen, für die unser geschätzter Kollege Mei Haodi verantwortlich sein soll. Das Machwerk ist nicht unterschrieben. Haben Sie zufällig eine Ahnung, von wem es stammen könnte? Sagt Ihnen vielleicht die Handschrift etwas?“

Der Anblick des Papiers wirkte auf Kien wie eine Ohrfeige. „Absolut nichts“, antwortete er, „die Schrift kenne ich nicht. Dieses Geschmiere gehört sofort verbrannt.“

„Das ist auch meine Meinung“, entgegnete Tan. „Es ist wohl nicht notwendig, dass wir Herrn Mei mit diesem Klatsch beunruhigen, nicht wahr?“

„Nein, ich denke nicht. Das würde den verehrten alten Mann doch nur betrüben.“

„Ja“, sagte Tan, „besonders, wenn er den Urheber erkennen würde. Sicher wäre es unangenehm für ihn zu erfahren, dass einer seiner Kollegen sich zu so einer gemeinen Sache herabgelassen hat. Es sein, er selbst … Ich habe bereits eine kleine Sammlung dieser Liebenswürdigkeiten … Anonyme Schreiben dieser Art scheinen momentan sehr in Mode zu sein.“

Als Tan sich entfernte, hörte Di, wie zwei oder drei Türen geschlossen wurden; also hatten auch noch andere die Unterhaltung belauscht. Tan hatte zweifellos absichtlich dafür gesorgt, dass dieses Gespräch gehört wurde. Er machte sich ihre nervliche Anspannung zunutze; hier wurde ein grausames Spiel gespielt zwischen dem Präfekten und ihnen.

Nachdem er um die Ecke des Korridors gebogen war, stieß Tan auf seinen Kollegen aus Penglai, der so tat, als bewundere er im Schein der Laternen einen Kupferstich.

„Ich habe den Eindruck, dieses Haus beherbergt mehrere angehende Schriftsteller“, zischte ihm Richter Tan zu. „Ich habe hier ein Schreiben, das von Euch spricht.“ Er händigte ihm ein verleumderisches Pamphlet aus, das Sätze enthielt wie: „Di Jen-Dsiä hat seine Koffer während der Zerschlagung des Goldhandels in seinem Bezirk vor zwei Jahren reichlich gefüllt. Er hat dem Staat nur die Hälfte der beschlagnahmten Summe überstellt.“

Di fühlte sich, als steige ihm ein besonders scharfes Gewürz in die Nase. Unbeeindruckt und geradezu frohgemut äußerte Tan, dass das Wissen um die kleinen Geheimnisse der anderen eine Karriere in der Verwaltung ganz entscheidend befördern könne. Es schien Di, als spreche Tan aus Erfahrung. War dessen Karriere nicht ein exemplarisches Beispiel an Schnelligkeit? Wie viele Personen hatten als Mittler dienen müssen, um ihm einen so vorteilhaften Posten zu verschaffen? Er hatte gut lachen, wie er sich so über sie lustig machte: Zweifelsohne war Tan nicht besser als seine denunzierenden Lehrlinge. Derjenige, der einen anderen denunzierte, war ein Feigling; und derjenige, der ein Geheimnis für sich behielt in der Hoffnung, daraus Profit zu schlagen, war zwar geschickter, aber keineswegs mehr wert.

„Ich lasse Sie allein“, sagte Tan, als hätte er ihm einen Gedichtband überreicht. „Ich habe meinen Rundgang noch nicht beendet. Wussten Sie eigentlich, dass unser Freund Lo von böswilligen Geistern verdächtigt wird, zwischen zwei Trinkgelagen seine bekannten Dichterwettbewerbe auf illegale Weise zu finanzieren? Was man nicht alles erfindet, sage ich Ihnen. Ich wünsche Ihnen eine gute Nachte, vor mir geborener Bruder."

Di konnte sich nur schlecht vorstellen, wie diese Nacht noch gut werden sollte, nachdem so viele unangenehme Andeutungen ausgepackt worden waren.

IV

Richter Di wird mitten in der Nacht geweckt; einer seiner Kollegen verschwindet.

Endlich war es Di nach großen Anstrengungen gelungen einzuschlafen, als ihn ein leises Klopfen an seine Zimmertür erneut aus dem Schlaf riss. Er schlug die Bettvorhänge zur Seite und sah, wie der Hofmeister des Yamen eintrat; er hatte eine Laterne in der Hand.

„Es ist ein schlimmes Unglück passiert, edler Herr Richter! Unser verehrter Meister hat ein schreckliches Ende gefunden!“

Der eben noch etwas benebelte Richter war mit einem Mal hellwach. Er erhob sich und schlüpfte schnell in einen Damastmantel, um seine Nachtkleidung zu bedecken, ohne sich die Mühe zu machen, seine Kappe auf sein unfrisiertes Haar zu setzen.[2]

„Führen Sie mich sofort dorthin“, befahl er. „Und sprechen Sie vor allem mit niemandem, bevor ich die Leiche untersucht habe.“

Er bemerkte, dass sich seine Kollegen bereits im Gang aufhielten; auch sie trugen häusliche Kleidung und drängten eilig in Richtung der Privatgemächer des Richters. Er warf dem Hofmeister einen erstaunten Blick zu. „Es tut mir leid“, meinte der verlegen. „Ich war der Meinung, dass es gut wäre, auch Ihre ehrenwerten Kollegen davon in Kenntnis zu setzen. Es war mir nicht möglich, jemanden bestimmten unter Ihnen sechs auszuwählen, verstehen Sie …“

[2] Die Chinesen jener Epoche trugen ihre Haare im Knoten unter einer Kappe.

„Ja, gut, ist in Ordnung", fiel ihm Richter Di ins Wort. „Führen Sie mich in seine Zimmer, bevor sich die ganze Stadt dort einfindet. Vermutlich brauche ich nur der Menge zu folgen, was?"

Sie durchquerten eine Reihe von Gängen und stiegen dann eine Treppe hoch, die von zwei Dienern bewacht wurde. Von einem eleganten Antichambre ging es in ein Schlafzimmer, in dem ein geschlossenes Bett thronte. Gewagte Malereien verzierten die Wände.

„So, so ...", sagte Kien Fang-te mit einem kurzen Blick auf die Kunstwerke, „ein Lebemann also. Ich habe es schon immer geahnt. Wo sind denn seine bezaubernden Gattinnen?"

Der Hofmeister antwortete, dass sein Herr seit einigen Tagen allein geschlafen habe. Die Damen seien bereits in die Hauptstadt abgereist, wo sie sich um die Einrichtung ihres neuen Hauses kümmern wollten. Das Zimmer war in Unordnung. Eine Bronzevase und ein Stuhl lagen auf dem Boden. Auf einem Tisch standen eine Karaffe und zwei Gläser, außerdem lag dort Papier und eine geöffnete Schreibmappe.

„Und nun?", sagte Dao-Li. „Ich sehe nichts Ungewöhnliches. Wo ist er denn, der gute Tan?"

Der Hofmeister deutete zögerlich in Richtung des Fensters. Das Appartement lag im ersten Stock; von hier aus genoss man einen umfänglichen Blick über die Dächer von Pien-fu und das fein silbern im Mondschein glänzende Tal.

Die Richter drängten sich vor dem Fenster. Diejenigen, die dazu in der Lage waren, beugten sich über die Balustrade: Unten auf dem Weg lag die zerschmetterte Leiche ihres Gastgebers.

„Was für ein Sturz!", rief Shang Uchang. „Armer Freund! Ich hoffe, er ist tot ... also sofort tot gewesen."

Di fragte den Hofmeister, wann der Todesfall entdeckt worden sei.

„Erst vor Kurzem, edler Herr Richter. Die Wache kommt regelmäßig vorbei, das Unglück kann nicht lang vorher passiert sein ... Ich kann leider nichts Genaueres sagen, weil man keinen Schrei gehört hat."

„Keinen Schrei? Wirklich nicht?", wunderte sich Di. „War denn jemanden in Hörweite?"

Der Hofmeister entgegnete, dass die mit der Patrouille in den Gärten beauftragten Wäch ter nie weit entfernt seien. Um diese nächtliche Stunde sei es übrigens unwahrscheinlich, dass ein anderes Geräusch den Schrei eines herabstürzenden Mannes hätte übertönen können.

„Das ist schon merkwürdig", sagte Richter Di. „Ein Mann in bestem Alter soll bei einem solchen Sturz keinen Schrei ausgestoßen haben? Kann man sich das vorstellen?"

Er schlug seinen Kollegen vor, nach unten zu gehen, um die Leiche zu untersuchen.

„Ich halte das nicht für notwendig", sagte der alte Mei, der Treppen nicht mochte. „Er ist in jedem Fall tot."

„Die Klärung der Details überlasse ich für gewöhnlich meinem Leichenbeschauer", bekräftigte Kien Fang-te. „Ich bin kein Leichenbestatter. Das gehört wohl zu Ihren berühmten Methoden, Di. Immer ganz nah dran sein!"

„Wenn Sie gestatten, werde ich hier warten", fügte Lo hinzu. „Dieser Unglücksfall hat mich zutiefst erschüttert." Er ließ sich in einen Sessel sinken und griff nach der Karaffe, die er vor sich hinstellte. „Mm! Reiswein, und zwar vom Feinsten! Bringen Sie mir ein frisches Glas!"

Di, Shang und Dao-Li begaben sich hinunter in den Garten. Der Hofmeister schritt voran und leuchtete ihnen mit seiner Laterne. Die blühenden Sträucher dufteten. Abgesehen von dem gedämpften Gespräch im ersten Stock störte kein Geräusch den nächtlichen Frieden.

„Was ist nun?", fragte Lo vom Fenster aus.

„Er ist unkenntlich", antwortete Shang, „sieht schrecklich aus. Das Gesicht ist total zerschlagen. Alles ist blutüberströmt."

„Ersparen Sie uns diese Einzelheiten", rief Lo und verschwand wieder.

„Wir müssen Alarm schlagen!", meinte Kien Fang-te, der seinen Platz einnahm. „Rufen wir die Schergen!"

„Das halte ich für unnötig", widersprach Dao-Li.

„Lassen wir die guten Leute schlafen. Sie werden die Nachricht noch früh genug erfahren. Es handelt sich ja um kein Erdbeben."

Einige Ungereimtheiten in der Physiognomie der sterblichen Hülle des Toten zogen Richter Dis Aufmerksamkeit auf sich. Er schob die Schöße der Brokatweste auseinander und stellte fest, dass die Brust des Toten eingedrückt aussah. Der Oberkörper war ausgemergelt wie der eines Mannes, der seit Langem an einer schweren Krankheit gelitten hatte.

Unbeeindruckt und gelassen verharrten Shang und Dao-Li in tiefem Ernst neben dem Toten. Di bewunderte ihre stoische Ruhe, die für erfahrene Richter nur angemessen war.

„Er hat sich nicht umgezogen", bemerkte Shang.

„Wie seltsam das ist!", meinte Dao-Li. „Ob er ausgehen wollte? Oder hat er vielleicht zu dieser nächtlichen Stunde jemanden erwartet?"

Di verlangte nach der Laterne. Er verfügte über gute medizinische Kenntnisse und die Medizin war ein Bereich, dem er sich liebend gern auch beruflich gewidmet hätte, hätte die Familientradition nicht verlangt, dass er den öffentlichen Dienst antrat. Die hohlen Wangen, die eingefallene Brust und das gelbliche, pergamentartige Aussehen der Haut waren untrügliche Anzeichen. Jetzt bemerkte er außerdem, dass die Hände abgemagert und die Nägel grau waren. Er war sich sicher: Der Tote hatte an Schwindsucht gelitten.

„Hatte Ihr Herr Schmerzen in der Brust?", fragte er den Hofmeister. Der Diener antwortete überrascht: „Nicht, dass ich wüsste, verehrter Herr Richter."

Richter Di glättete verwundert die langen Haare seines Bartes. Die Leiche konnte ihnen in dieser dunklen Angelegenheit keine weiteren Erkenntnisse liefern. Die vier Männer begaben sich wieder in das Zimmer ihres Gastgebers.

„Was für ein schreckliches Unglück", sagte Lo. „Dies erinnert uns daran, dass nichts in dieser niedrigen Welt von Bestand ist. An einem Tag ist man glücklich, am nächsten wird man schon begraben. Ich habe eine Ode zu diesem Thema verfasst. Wie ging sie noch gleich …"

„Die Fakten sind klar, glaube ich", fiel ihm Kien Fang-te ins Wort. „Unser Freund hat unvernünftig getrunken, was der genossene Alkohol, die Gläser und die – infolge rauschbedingter

Ungeschicklichkeit – verstreuten Gegenstände beweisen. Er hat sich ans Fenster gelehnt, um Luft zu schnappen, dabei hat er das Gleichgewicht verloren.“

„Und meine Großmutter ist Kampfsportmeisterin“, höhnte Dao-Li. „Jetzt verstehe ich, weshalb es in Ihrem Bezirk eine so niedrige Rate an Verurteilungen gibt, werter Kollege. Mit derartigen Methoden wird den Verbrechern praktisch Straffreiheit garantiert!“

„Erlauben Sie mir, Ihnen zu zeigen, warum es sich hier um keinen Unfall handeln kann“, sagte der alte Mei. „Der Tote hätte ja erst mal über die Fensterbrüstung klettern müssen … Schauen Sie, lieber Freund“, sagte er zu Kien Fang-te und packte ihn: „Stellen Sie sich vor die Öffnung.“

Er versetzte ihm einen heftigen Stoß, der dennoch zu schwach war, um ihn durch die Öffnung zu schicken. „Sehen Sie?“, fragte er. „Sogar betrunken würde kein Mensch eine solch unwillkürliche Bewegung machen, die heftig genug wäre, ihn hinausstürzen zu lassen. Dies würde selbst dem größten Narren nicht gelingen, wie Sie eben gesehen haben.“

„Ganz richtig!“, rief Shang. „Er hat sich willentlich selbst aus dem Fenster gestürzt. Enttäuscht von der Erkenntnis, dass er dieses Paradies würde verlassen müssen, hat sich Tan betrunken und dem Präfekten einen Abschiedsbrief schreiben wollen, wie der Briefkopf zeigt, dann aber darauf verzichtet, und ist in den Tod gesprungen. Die Sachlage ist von kindlicher Einfachheit.“

Richter Di dachte, dass ein Selbstmord zwar denkbar war, doch erschien er ihm nicht plausibel genug. Denn noch kurz vor seinem Tod hatte sich der Spaßvogel Tan als recht hinterhältiger und mit sich selbst zufriedener Mensch entpuppt.

Dao-Li riss ihn aus seinen Gedanken: „Entschuldigen Sie, lieber Kollege“, sagte er, „aber Ihr langer Umgang mit alten Zauberbüchern hat Sie wohl weltfremd werden lassen. Tan war auf dem Gipfel seines Aufstiegs, er hatte überhaupt keinen Grund, seinem Leben ein Ende zu bereiten.“

„Schließen Sie sich daher vielleicht meiner Unfallhypothese an?“, mutmaßte Kien Fang-te, der die Möglichkeit einer Revanche witterte.

„Keineswegs." antwortete Dao-Li. „Man muss sich nur an die Fakten halten: Man hat ihn gestoßen."

Diese Ansicht wurde mit Protestrufen quittiert. Dao-Li fuhr in seiner Begründung fort: „Es hat einen Kampf gegeben, das bezeugen die herumliegenden Gegenstände. Papier und Schreibmappe beweisen, dass er im Begriff war, einen Brief an den Präfekten zu schreiben. Aber keinen Abschiedsbrief! Ein Blatt wurde abgerissen. Tan hat zu später Stunde eine eilige Meldung verfasst. Worüber? Mir ist zu Ohren gekommen, dass in letzter Zeit sehr viel geschrieben wurde in diesem Palast …"

Seine kleinen forschenden Augen bohrten sich in die Blicke seiner Kollegen, die nun alle recht betreten wirkten. „Er hat trotz der späten Stunde noch nicht geschlafen", fuhr er fort. „Das Bett ist noch unbenutzt. Tan hat jemanden erwartet, einen hohen Gast, den er hier in seinen privaten Räumen empfangen wollte und dem er ein ganz feines Getränk anzubieten gedachte."

„Eins von Spitzenqualität", bekräftigte Lo, der sich erneut nachschenkte.

„Alles deutet darauf hin, dass er seinen Gast auch empfangen hat", fuhr Dao-Li fort, „denn es wurden zwei Gläser geleert, ohne dasjenige mitzuzählen, dass unser Freund Lo verwendet hat, um eine Geschmacksprobe zu nehmen."

„Ein Mord?", empörte sich Mei. „Hier im Yamen? Wie stellen Sie sich das vor?"

„Der Versuch, das Ganze als Unfall darzustellen, kann niemanden täuschen, jedenfalls nicht das Auge eines guten Richters", konterte Dao-Li.

„Man braucht sich nur ein wenig zu konzentrieren, um hinter dem Unfall einen Mord zu erkennen."

Die Richter schwiegen, ihre Mienen waren besorgt. Di notierte still vor seinem inneren Gericht, dass der Raum ein paar recht merkwürdige Details aufwies. Er fragte den Hofmeister, ob sich während der Nacht ein auswärtiger Besucher im Yamen angemeldet habe, aber niemand war gesehen worden. In Ermangelung einer anderen Spur klammerten sich seine Kollegen trotzig an die Vorstellung eines hinterhältigen Mordes.

„Was sollen wir nun tun?“, jaulte Lo, der vom Ausmaß dieses Ereignisses eindeutig überfordert war. Dies war ein Fall für das Lehrbuch: Wenn der Richter einer Stadt unter verdächtigen Umständen starb, wem fiel dann die Aufgabe zu, die Ermittlungen in seinem Todesfall zu leiten? Der Richter war in diesem speziellen Fall unter seinen Mitbürgern der am schlechtesten vertretene.

„An Richtern mangelt es wohl beileibe nicht“, entgegnete Dao-Li. „Wir sollten uns um diesen Fall kümmern, ohne auf die Ernennung eines Nachfolgers zu warten, der im Übrigen ja sowieso einer von uns sein wird. Da können wir auch gleich die Führung übernehmen.“

Der alte Mei hatte eine Idee. „Damit sollte Di sich befassen! Er macht das doch sonst auch immer!“

„Ja, genau, helfen Sie uns aus der Klemme“, pflichtete Shang ihm bei.

„Seltsame Ermittlungen sind doch vor allem Ihre Spezialität“, fügte Dao-Li hinzu.

„Sie sind unsere Rettung“, sagte Lo und drückte ihm so kräftig beide Hände, als hätte er gerade seinen einzigen Sohn von einer schweren Krankheit geheilt.

„Ich werde sehen, was ich tun kann“, entgegnete Richter Di und sagte sich, dass man ihn wohl für das Faktotum dieser Gemeinschaft hielt. Er hatte zugegebenermaßen eine natürliche Neigung, sich kopfüber in alle möglichen Rätsel zu stürzen, aber die Selbstverständlichkeit, mit der seine hoch verehrten Kollegen ihre Pflicht auf ihn abwälzten, verletzte seine Eitelkeit. Lo bemerkte das und setzte zu einem Lobgesang auf seine erstaunlichen logischen Fähigkeiten an, der so dick aufgetragen daherkam, dass es reichlicher Naivität bedurfte, ihm Glauben zu schenken. Alle fünf versprachen, ihm behilflich zu sein, sollte er dies wünschen.

Doch Di vermutete, dass sie viel eher danach trachteten, so schnell wie möglich wieder in ihre Bezirke zurückzukehren und ihn allein den unerbittlichen Augen des Präfekten zu überlassen.

Unter den gegebenen Umständen, nach denen also Mordverdacht bestand, hielt er es für ratsam, die Bevölkerung nicht zu informieren, solange seine Ermittlungen noch nicht weiter fortgeschritten waren. Er trug dem Hofmeister und einigen Dienern auf, zunächst Stillschweigen zu bewahren, andernfalls würde er sie zur Verantwortung ziehen. Da sie daran gewöhnt waren, für den Palast zu arbeiten, konnte man auf ihre Zuverlässigkeit hoffen.

Im Gegenzug war es angebracht, unverzüglich den Präfekten zu benachrichtigen. Ein Scherge des Gerichts sollte daher das beste Pferd satteln, um die Botschaft schnellstmöglich zu überbringen. Mei Haodi machte sein Alter geltend, um den delikaten schriftlichen Auftrag übernehmen zu dürfen. Diesmal machte ihm niemand seine weißhaarige Vorrangstellung streitig.

„Und die Leiche?“, brummte Kien Fang-te, der verärgert war, weil man ungeachtet seines eindeutigen Vorzugs als künftiger Gebieter der Stadt nicht daran gedacht hatte, ihm die Ermittlungen anzuvertrauen. „Lassen Sie ihn auf dem Gartenpfad liegen?“ Er klang wie ein Hausherr, der seinen Dienern befahl, den Müll zu beseitigen.

Di gebot dem Hofmeister, die Leiche seines Meisters vorübergehend im Schlafzimmer aufzubahren und die Tür mit einem Schlüssel abzusperren. Man würde sich später etwas Besseres einfallen lassen.

„Was für ein Skandal! Was für ein Skandal!“, rief Lo wiederholt. „Wer hätte gedacht, dass an diesem Yamen zweifelhafte Leute verkehren?“

„Seitdem wir hier sind, trifft diese Beschreibung auf jeden von uns zu“, dachte Richter Di bei sich. Die schrägen Blicke, die seine Kollegen einander zuwarfen, ließen vermuten, dass sie dasselbe dachten.

Einer nach dem anderen verabschiedeten sich die Richter von Di, indem sie sich vor ihm verbeugten, als drückten sie einem Verwandten ihr Beileid aus, den sie anschließend der Totenwache überließen. Übrigens war Di keineswegs verärgert, dass er nun allein in den Gemächern zurückblieb, da er nach weiteren Indizien suchen wollte.

„Was für ein Verlust für die mondäne Welt der Hauptstadt!“, sagte Lo reichlich zynisch. „Die alten Generäle werden jemand anderen finden müssen, der ihnen den Rücken kratzt und zwischen zwei Tassen Tee beim Schwatzen zuhört. Seine Abwesenheit ist eine endgültige."

Als auch Lo sich zurückgezogen hatte, stellte Di zunächst fest, dass keines der beiden Gläser Spuren eines Schlafmittels aufwies, das es ermöglicht hätte, Tan hinauszustoßen, ohne dass er dabei einen Schrei von sich gab. Auch die Untersuchung der Nase ergab nichts Verdächtiges, er fand weder ein Pulver, noch einen Geruch. Weil er sich allein glaubte, zuckte er zusammen, als er plötzlich die Anwesenheit Shang Uchangs bemerkte, der, vom Bettvorhang halb verdeckt, in einem Sessel in einer Ecke des Raumes saß. Er schien es nicht eilig zu haben, sich zu entfernen.

„Da Sie die Güte haben, die Leitung unsers Vorhabens zu übernehmen", sagte der Akademiker, „muss ich Ihnen etwas anvertrauen. Ich habe – ganz zufällig übrigens – heute Abend ein paar Gesprächsfetzen auf dem Gang vor meinem Zimmer aufgeschnappt. Dabei glaube ich gehört zu haben, dass unser verstorbener Freund ein paar verleumderische Briefe in der Hand hatte, deren Anschuldigungen auch auf den Verfasser selbst hätten zurückfallen können. Ich glaube nicht, dass dem Präfekten diese Methoden gefallen hätten."

Er schwieg und ließ zur Bekräftigung seiner Annahme die bedrückende Stille wirken.

„Wenn ich Sie richtig verstehe", sagte Richter Di, „dann deuten Sie an, dass ein paar von uns ein Interesse daran gehabt haben könnten, sich des sie betreffenden Briefes zu bemächtigen, sich mit Tan zu streiten und ihn anschließend aus dem Fenster zu stürzen? Dass es sich sozusagen um einen Kollektivmord gehandelt hat, verübt von erhabenen Richtern auf Dienstreise?"

„Das habe ich nicht gesagt", empörte sich Shang. „Sagen wir, dass ich das hätte glauben können, wenn ich davon ausgegangen wäre, dass man für einen guten Posten einen Mord begehen würde... Aber das kann man sich doch unmöglich vorstellen, nicht wahr?"

„Sind Sie sich dessen sicher?", fragte Richter Di leise. „Ich habe den Eindruck, dass es jetzt unter uns keine Freunde und keine Kollegen mehr gibt: aus diesen sind Konkurrenten geworden, die weder die Regeln des Konfuzius noch unseres Kaisers achten ..."

„Nun“, fuhr Shang fort, „es muss sich um eine Person handeln, der unsere lieben Freunde den Tod noch mehr gewünscht hätten, als dem armen Tan.“

„Ach, und wer soll das sein?“, fragte Di.

„Kommen Sie, ich hätte Sie für scharfsinni ger gehalten. Ich spreche selbstverständlich von demjenigen, der auf den Posten von Pien-fu berufen wird.“

„Nun gut, aber dies trifft ja …“

„… auf jeden von uns zu“, vervollständigte Shang den Satz. „Möglicherweise gibt es also unter uns nicht nur einen Mörder, sondern auch noch ein Opfer. Ich hoffe, dass Sie trotzdem eine gute Nacht verbringen werden, jüngerer Bruder.“

Was Richter Di von dieser Nacht noch blieb, war ohnehin verdorbenen. Als Shang weg war, sagte er sich, dass Tan tatsächlich an diesem Abend einen an den Präfekten gerichteten Verleumdungsbrief in der Hand gehalten haben mochte, einen Brief, der ihn ziemlich beunruhigt und veranlasst hatte, sofort einen Bericht dazu zu verfassen, einen Brief, der genügend schwerwiegende Anschuldigungen enthalten hatte, um ihn ungeachtet der späten Stunde zur Feder greifen zu lassen.

In diesem Fall bedeutete das zwangsläufig, dass ihn der Mörder getötet hatte, um die Zustellung der beiden kompromittierenden Mitteilungen zu verhindern. Der Gedanke, dass sich einer seiner Kollegen eines derartigen Verbrechens schuldig gemacht hatte, war Di unerträglich, auch wenn er es im Verlaufe seiner Karriere nicht selten mit ebenso überraschenden Fällen von bemerkenswerten Ehebrechern, Verschwörern und zynischen Mördern zu tun gehabt hatte. Das Verbrechen, wie auch der Sex, hielten sich nicht an die Grenzen der sozialen Kasten. Dies war nicht die geringste Enttäuschung, die ihm die Ausübung seines Richteramts in den Städten der Provinz beschert hatte. Richter Di seufzte bei der Vorstellung, dass sein Leben offensichtlich nicht mehr war als eine Folge zerstörter Ideale.

V

Die Ermittlung beginnt; sie wird wieder beendet.

Als die Diener den Morgenreis servierten, informierten sie die sechs Gäste darüber, dass ein Sonderkurier soeben eine Antwort des Präfekten überbracht habe. Mei Haodi, an den sie gerichtet war, schlug vor, sich im Bankettsaal zu versammeln. Kaum war der Imbiss beendet, als jeder von ihnen eine der Situation angemessene, keinesfalls auffällige und schon gar keine weiße – denn dies war die Farbe der Trauer – Robe anlegte, um nicht den Verdacht des Personals zu erwecken. Dann gingen sie hinunter ins Erdgeschoß.

Trotz der großen Betroffenheit, die er zur Schau trug, genoss der alte Mei offensichtlich die Wichtigkeit, die ihm sein Amt als Ältester und nun auch als offizieller Schreiber einbrachte. Er breitete die mit dem Siegel des Präfekten abgestempelte Rolle aus und las die Mitteilung Seiner Exzellenz, den er zuvor mit wenigen Worten über die Situation informiert hatte, mit lauter Stimme vor. Der Präfekt drückte seine außerordentliche Trauer über den erlittenen Verlust aus. Er trug der Gemeinschaft der Richter auf, eine diskrete Ermittlung durchzuführen und ansonsten seine Rückkehr abzuwarten. Vor allem machte er klar, dass er demjenigen, der den Fall lösen würde, den Vorzug geben wolle. Genauer gesagt würde es ihm vollkommen unmöglich sein, jenem hervorragenden Beamten seine Empfehlung zu versagen, um den nach dem unerwarteten Todesfall des seligen Tan Jinxuan freigewordenen Posten einzunehmen.

„Dies ist ein Zeichen des Himmels“, sagte der Akademiker Shang, als hätte man ihm soeben den Posten auf einem Tablett dargeboten. Di war überzeugt, dass Shang im Gegensatz zu manch anderem keinesfalls ein Dummkopf war, aber seine Art, das Richteramt mit der Nase in seinen Büchern auszuführen, ließ ihn bei Ermittlungen inmitten von Personen aus Fleisch und Blut als wenig geeignet erscheinen. Die anderen mochten darüber in etwa das Gleiche denken.

Jeder setzte im Geiste auf seine eigenen Fähigkeiten. Sie waren sich stillschweigend darin einig, dass derjenige, der den Schuldigen fände, auch den Sessel des Toten einnehmen würde, die Verlierer würden ihre Bewerbung zurückziehen. Aber es war klar, dass sich hinter dieser schönen Übereinstimmung auch die Möglichkeit eines erbitterten und gnadenlosen Kampfes verbarg.

Als Di eine Frage stellte, um seine Ermittlung voranzutreiben, öffnete kein einziger den Mund, um ihm zu antworten. Verblüfft wiederholte er also seine Bitte um Auskunft.

„Wie können Sie es wagen, uns zu verhören?“, entrüstete sich Kien Fang-te. „Stelle ich Ihnen vielleicht auch Fragen? Sehen Sie zu, wie Sie zurechtkommen, mein Lieber!“

Di wandte sich an seinen Freund Lo, der sich auch nicht als solidarischer erwies. „Entschuldigen sie, jüngerer Bruder“, entgegnete er verlegen. „Sicher verstehen Sie, dass ich zuerst meine eigenen Interessen wahren muss und dann jene, mit denen ich betraut bin.“

Di erriet, dass es sich dabei vor allem um Besäufnisse und kostspielige Feste handelte. Innerhalb eines Augenblicks war er zu ihrem Gegner geworden, weshalb man ihm keinerlei brauchbare Hinweise mehr liefern würde. Ihr oberflächliches Versprechen von Zusammenarbeit war damit hinfällig geworden.

„Na gut“, staunte er. „Dann bin ich also nicht mehr euer Retter? Und von der Untersuchung entbunden?“

Dao-Li brachte an, dass Di darüber doch nur erfreut sein könne: Ihr aller Einsatz würde es ihm erlauben, sich etwas auszuruhen. „So ist es“, fügte Shang hinzu. „Legen Sie sich ein paar Stunden hin, Sie sehen nicht gut aus.“ Di fand die ganze Truppe widerlich. „Vielleicht haben Sie vorgehabt, uns Unterricht zu erteilen?“, spottete Mei Haodi, und seine Mundwinkel verzogen sich zu einem bitteren Lächeln. „Ich nehme an, dass Sie damit beginnen werden, zuerst auf die Dächer zu klettern. Dann werden Sie sich in den Vorstädten mit einigen ungehobelten Raufbolden im Schmutz herumschlagen und schließlich Prostituierte eines

Unterschichtenbordells befragen. Entspricht dies nicht Ihrem üblichen Vorgehen, Sie ehrenwerter Fassadenkletterer? Ihre sogenannten Methoden sind uns allen bekannt."

„Einige Leute an höherer Stelle denken, dass allein das Ergebnis zählt, unabhängig der Mittel", fügte Dao-Li hinzu. „Was mich anbelangt, so glaube ich, dass ein Richter, der in den Elendsvierteln verkehrt und sich mit Räubern verbündet, dem Ansehen unseres Berufsstandes mehr schadet, als dass er zur öffentlichen Ordnung beiträgt. Man muss die Bedeutung unserer Vorrangstellung schützen, meinen Sie nicht?"

„Was für eine glänzende Schimpfkanonade", applaudierte ihm Kien Fang-te. „Bravo, lieber Kollege! Und damit möchte ich Sie, Richter Di, keineswegs beleidigen."

Letzterer fragte sich, ob er jemals einem gefährlicheren Vipernnest gegenübergestanden hatte. Beinahe trauerte er den Spelunken und kleinen Gaunern, auf die hier angespielt wurde, nach: Die Feindseligkeit der Kleinkriminellen war wenigstens aufrichtig und unmissverständlich.

Er verspürte große Lust, ihnen seine in gefährlichen Situationen so nützlichen Fähigkeiten als Kampfsportler vorzuführen. Der verehrte Dao-Li hatte sich wohl kaum jemals seiner Füße bedient, um ein Rätsel zu lösen. Er wusste bestimmt nicht, dass ein ordentlicher Fersentritt in den Bauch eines Goldschmugglers manchmal mehr wert war als ein langwieriges steifes Verhör im Gerichtssaal. Doch das würde der werte Dao-Li unmöglich begreifen.

„Ich bin stolz darauf, für die Erfüllung meiner Pflichten gegenüber dem Himmelssohn und dem chinesischen Volk einzutreten", entgegnete Richter Di schlicht. Doch seine Kollegen hörten ihm gar nicht mehr zu. Jeder war bereits davon in Anspruch genommen, eine Methode zu wählen, mit der er seine Untersuchung zu führen gedachte. Di befand, dass mitzuerleben, wie sie vorgehen würden, von nicht unerheblichem Interesse war. Shang, der Bibliotheksspezialist, kündigte sofort seine Absicht an, sich in die Schriften des Gerichtsarchiv vertiefen zu wollen. Zweifellos hatte er vor, jene Urteile zu studieren, die Tan während seines Mandats gefällt hatte, um zu prüfen, ob es einen

Verurteilten oder einen Angehörigen geben könnte, der sich eventuell für eine zu strenge Strafe hatte rächen wollen.

Der Sohn des Grafen von Pu weigerte sich, seine Kleidung zu beschmutzen, indem er mit dem lokalen Pöbel verkehrte, vorausgesetzt, dass es in dieser Stadt überhaupt einen gab. Dao-Li machte sich stattdessen auf die Suche nach dem Hofmeister, der ihm die angesehensten Bürger der Stadt nennen sollte. Diese wollte er verhören, um von ihnen etwas Geeignetes in Erfahrung zu bringen.

Der schöne Kien machte sich daran, sich beim weiblichen Personal nach Klatsch umzuhören. Richter Di vermutete, dass diese Methode wohl eher geeignet war, einen kleinen Bastard zu zeugen, als zur Festnahme eines Mörders beizutragen. Di beschloss seinerseits, in die Stadt zu gehen. Vielleicht auch nur, um der zerstörerischen Atmosphäre der Residenz zu entfliehen und nicht, weil es seine Untersuchung erforderte. Im Vorzimmer begegnete er dem Hofmeister. Dies bot ihm eine Gelegenheit, dem Mann ein paar Fragen zu stellen, bevor seine Kollegen auf der Bildfläche erschienen.

„Hat Herr Tan nach Ihrem Wissen Feinde gehabt?", fragte Di.

„Nein", erwiderte der, ohne dass irgendein Ausdruck das Gesicht dieses Musterbeispiels eines Dieners belebt hätte.

„Gab es vielleicht sündhafte Kontakte? Oder unerwartet auftauchende Verwandte?"

„Nein."

Sprach er hier mit „Herrn Nein"? Im Gegensatz zu ihm waren seine Kollegen wahre Ausbünde an Redseligkeit.

„Hatte er verborgene Laster?", bohrte der Richter weiter.

„Oh, ihr großen Götter, nein!", rief der Hofmeister entsetzt, der sich offensichtlich fragte, was dieser Richter mit seinen unerfreulichen Anspielungen eigentlich wollte. Er nahm wohl an, dass die Richter anderer Bezirke ihr Amt ganz anders auslebten als jener ihrer schönen, tadellosen Stadt, dem niemals auch nur die geringste Grobheit oder anzügliche Anspielung entschlüpft war. Von dieser fest verbarrikadierten Gefängnistür war nichts in Erfahrung zu bringen. Nachdem er ihm den Namen und die Adresse des Arztes entlockt hatte, den der Richter für gewöhnlich aufgesucht hatte, ließ ihn Di im Vorzimmer stehen – ein menschliches Sinnbild der Empörung – und ging hinaus, um frische Luft zu schnappen. Er hegte die Hoffnung, kooperativere Zeugen aufzutreiben.

In den Straßen von Pien-fu hatte sich nichts verändert. Die Ladeninhaber bauten ihre Stände auf, die Kurgäste schnappten frische Luft im Schatten der Gartenlauben und die Hausfrauen fegten die Eingänge zu ihren Wohnungen. Es gab keinerlei Anzeichen von Unruhe oder Gerede. Nichts deutete auf das Drama hin, das sich in der Nacht abgespielt hatte. Di fragte sich, ob es irgendein Ereignis geben mochte, das die stoische Gelassenheit dieser Stadt erschüttern konnte.

Wenn die Barbaren sich des Landes bemächtigten, wie viel Zeit würden die Bewohner von Pien-fu wohl dem Bemühen widmen, sie von den Wohltaten ihrer phosphorhaltigen Kuren zu überzeugen? In einigen weiter entfernten Straßen trat er bei einem Getreidehändler ein, um sich den Weg zum Haus des Arztes erklären zu lassen. In der Nähe zahlreicher Brunnen war ein funkelndes Schild aufgehängt, das mit den Symbolen langen Lebens geschmückt war und gleichzeitig darauf hinwies, dass der Arzt auf Krankheiten der Brust spezialisiert war.

Da bei ihm die Mitglieder des Bezirksgerichts verkehrten, musste dieser Mann ein begehrter, angesehener und gleichzeitig auch kompetenter Arzt sein. Richter Di betrat ein Labor, das angefüllt war mit unzähligen Töpfen und Gläsern nebst Tierpfoten, getrockneten Seepferdchen, Paviangliedern und anderen mehr oder weniger identifizierbaren anatomischen Gegenständen und Bündeln getrockneter Kräuter, die von der Decke baumelten.

Auf einem Tisch befand sich ein Gong, und der Richter bediente ihn, um auf seine Anwesenheit aufmerksam zu machen. Bald darauf kam hinter einem Wandschirm ein kleiner, gebeugter Mann hervor. Di erklärte ihm, dass ihn sein Kollege Tan zu einer Routineuntersuchung hergeschickt habe. Er würde gern den Aufenthalt in der Stadt des Wassers im Hinblick auf ein langes Leben nutzen. „Eure Exzellenz erweisen meinem bescheidenen Talent zu große Ehre“, sagte der Arzt überaus geschmeichelt mit einer tiefen Verbeugung. Er fragte Di sogleich, ob er gut schlafen könne, ob er während der Verdauung Magendruck verspüre und welcher Art sein Stuhlgang sei. Danach hatte Di das Privileg, sich den Unterbauch abtasten zu lassen. Dies war der richtige Augenblick, um den heilkundigen Mann einer geschickten Befragung zu unterziehen.

„Was mich eigentlich davon überzeugt hat, Sie aufzusuchen, ist, dass sich mein lieber Kollege dank Ihrer Bemühungen offenbar einer strahlenden Gesundheit erfreut. Zweifellos genießt er ausgiebig Ihre Behandlung?"

„Nein, ganz im Gegenteil, eher selten", antwortete der kleine Mann geschmeichelt. „Seine Lebenskraft ist hervorragend. Ich empfinde große Freude, dass ich ihn nicht ernsthaft behandeln muss."

„Tatsächlich? Auch nicht seine Brustkrankheit? Vielleicht handelt es sich dabei bloß um eine innere Ermüdung, die mit seinen beruflichen Belastungen verbunden ist?"

Der Arzt entgegnete, dass dieser Mann, Vater und Mutter der Bewohner von Pien-fu, diesbezüglich niemals seine Hilfe benötigt habe. Er habe lediglich Mittel zur allgemeinen Stärkung eingenommen – Molluskenpulver[3] und zerstoßenes Hirschgeweih –, die dazu bestimmt waren, den Pflichten gegenüber seinen Ehefrauen und Konkubinen nachkommen zu können, eine unter den Untertanen des Kaiserreichs weit verbreitete Praxis.

„Unser Richter entspricht ganz dem Bild unserer schönen Stadt: Er ist heiteren Gemüts, sich selbst immer treu und einwandfrei funktionierend. Er gehört zu denjenigen Patienten, die sozusagen eine lebendige Werbung für ihren Arzt darstellen."

Er verschrieb Richter Di ein leichtes Abführmittel, das ihn auch weiterhin gesund und munter halten würde und das der Patient sich schwor, gleich in der nächsten Gosse zu entsorgen, sobald er gegangen war.

„Um die Wahrheit zu sagen", gestand der Arzt, „genügt das wohltätige Wasser unserer Quellen vollauf, um gesund zu bleiben, wenn man es regelmäßig zu sich nimmt."

---

[3] Bei Mollusken handelt es sich um Weich- oder Gewebetiere

Richter Di behielt seine Meinung zu dieser Ansicht für sich. „Aber dennoch werden sich unter all den Reisenden, die in der Hoffnung hierher strömen, gesund zu werden, gelegentlich auch unerwartete Todesfälle ereignen. Wohin bringt man sie, wenn das passiert?"

Der Arzt beschrieb ihm die Lage des für diesen Zweck bestimmten Tempel. Di legte einige Sapekenschnüre[4], deren Wert er großzügig bemessen hatte – dies war kein Augenblick, um zu geizen –, auf den Tisch, bedankte sich für die guten Ratschläge, mit denen er überschüttet worden war, und verließ das Arztlabor mit dem festen Vorsatz, keinen davon zu befolgen.

Als er an einem Gässchen vorbeikam, gewahrte er den alten Mei, der gerade mit einigen schlecht gekleideten und barfüßigen Straßenkindern des Viertels redete. Dabei sah er, wie sein Kollege ein paar kleinere Münzen aus seinen Ärmeln hervorzog. Offensichtlich entlohnte er seine Informanten recht kümmerlich. Den enttäuschten Mienen seiner Gesprächspartner nach zu urteilen ging Di davon aus, dass es schwer sein würde, ihnen weitere Informationen zu entlocken.

Bald teilte ihm ein großes Schild in silberfarbenen Buchstaben auf blauem Grund mit, dass er vor dem ‚Tempel der vereinigten Harmonie und inneren Ruhe' stand. Es war eine Stätte des taoistischen Kultes, der wiederum häufig auf alles rund um den Tod spezialisiert war – zweifellos aufgrund eines sehr gut entwickelten Post-Mortem-Ablasshandels, zu dem sich die Gemeinschaft der Sterblichen hinreißen ließ.

Di trat in einen weitläufigen, finsteren Raum, in dem es nach Wachs und Weihrauch stank. Er war zu einer Halle für diejenigen Kurgäste umfunktioniert worden, die die intensive Wasserbehandlung nicht überlebt hatten. Um angemessene Haltung bemüht, tat Di so, als wolle er vor einer rot bemalten, fratzenhaft verzerrten Statue, die er besonders eindringlich

[4] Sapeken (auch Käsch) waren Lochmünzen aus Bronze, die an einer Schnur aufgefädelt wurden. Jede Schnur enthielt 600 Sapeken (eine „Ligatur", wobei die Mengenangabe der Sapeken in einer Ligatur je nach Quelle von 100 bis 1000 variiert). Sie waren in China, Hinterindien und Japan gebräuchlich.

betrachtete, ein Räucherstäbchen abbrennen. Vor dem Hauptaltar stand einer jener schlichten Särge, in denen man üblicherweise Leichen aufbahrte, deren Bestattung sich noch niemand bereit erklärt hatte zu zahlen. In diesem Fall war allerdings ein kleines Missgeschick passiert: Der Verstorbene, der allein nach Pien-fu gekommen war, hatte in der Gegend eine Tante, die die Mühe der Anreise nicht gescheut hatte, um ihn vor Ort zu beweinen.

Diese Dame betrat nun den großen Saal forschen Schritts, gefolgt von zwei recht gelangweilt aussehenden Bonzen.[5] „Das ist doch allerhand!", rief sie. „Ich bin gekommen, um die sterbliche Hülle meines Neffen zu betrauern, und jetzt lässt man mich vor einem leeren Sarg beten!"

Die Mönche erwiderten, dass dies auf einen Irrtum beim Zuordnen der Habseligkeiten zurückzuführen sei. Falls sie am darauffolgenden Morgen wiederkommen wolle, würde man diesen Vorfall korrigiert haben. Sie boten ihr die Rückerstattung des Betrages für die Gebete an, die sie für die Seele des Verstorbenen in Auftrag gegeben hatte, außerdem eine Ermäßigung auf den Preis der rituellen Verbrennung.

Richter Di tat so, als sei er ganz in die Meditation vertieft, als sich ihm ein Mönch näherte, der an eine Katze erinnerte, die eine schwache Maus belauerte. „Kann ich für unseren ehrenwerten Besucher irgendetwas tun?", fragte der fromme Mann mit übertriebener Süße, die sowohl mit seiner Heiligkeit als auch mit einer kommerziellen Strategie zu tun haben mochte. Di entgegnete, dass alle seine Fragen zum Glück beantwortet seien.

„Dies ist häufig der Güte Jin-sues, der großen Göttin der Geheimnisse, zuzuschreiben", rief der Mönch mit breitem Lächeln und zeigte auf die purpurrote Statue.

„Aha, das ist also eine Frau!", durchfuhr es Richter Di und er betrachtete sie nun mit anderen Augen. Er verneigte sich höflich vor dem Bonzen, hinterlegte in einem Kupferschälchen eine bescheidene Opfergabe und verließ das Heiligtum. Di dachte darüber nach, dass Konfuzius genauso Antworten bereithielt und zwar ohne dafür einzufordern, auf so groteske Art ausgestellt

[5] Aus dem Japanischen: Buddhistische Mönche oder Priester.

noch für seine Großherzigkeit entlohnt zu werden. Auf dem Rückweg entdeckte Di seinen Kollegen Lo an einem Getränkeausschank. Dessen persönliche Ermittlungsmethode bestand offenbar darin, jene Gastwirte zu überwachen, die den besten Wein in der unmittelbaren Umgebung des Yamen ausschenkten.

Im Park des Palasts gab es mehrere Pavillons, in denen die Gäste die Kühle der Gärten genossen. Die kleineren Lauben, wie man sie in allen Residenzen vermögender Personen vorfand, dienten für Teezeremonien oder um darin Mittagsschlaf zu halten. Andere, größere wurden für edle Abendmahlzeiten mit erlesenen Gästen genutzt. Dort fanden jene Soireen statt, mit denen der Bezirksrichter von Pien-fu die angesehensten Persönlichkeiten der Stadt beehrte, diejenigen also, die pünktlich ihre Steuern bezahlt hatten, oder bei denen er berühmte Reisende empfing, deren Bekanntschaft er zu machen wünschte.

Auf einem Teich jagten kleine Reiher im Lotus nach Fröschen. Di erblickte den Hofmeister, der auch wie eine Art Stelzvogel verschwörerisch zwischen den Büschen herumschlich. In seinen Armen hielt er Schüsseln, mit denen er im hinteren Teil des Parks verschwand. Neugierig geworden beschloss Richter Di, sich sein Essen im Schatten eines dieser Gartenhäuschen servieren zu lassen. Durch die Sprossen einer perforierten Schutzwand beobachtete er das kommende und gehende Personal, ohne selbst bemerkt zu werden.

Der Hofmeister erschien erneut, nun aus der anderen Richtung kommend. Danach sah er eine niedliche junge Dienerin, deren Anmut ihm bereits auf dem Bankett aufgefallen war, die sich verstohlen wie eine Füchsin in dieselbe Richtung bewegte. Sie trug nichts in den Händen. Was hatte sie dort zu schaffen? Oder ging das Personal des Gerichts um diese Zeit einfach mal spazieren? Die hübsche Person kam erst nach einer vollen Stunde wieder. Das geübte Auge des Richters bemerkte einige geringfügige Veränderungen an ihrer Kleidung: Ein Zierkamm steckte schief in ihren Haaren, der Gürtel war nachlässig geknotet … Nachdem sie es sich bequem gemacht hatte, war die Schöne wohl gezwungen gewesen, sich ohne die Hilfe eines Spiegels wieder herzurichten.

Hatte sie sich in einem Häuschen versteckt, um eine verbotene Mittagspause abzuhalten? Eine andere Vermutung drängte sich ihm auf.

Es war unnötig, dem Vorbeidefilieren des sich merkwürdig verhaltenden Dienstpersonals noch länger beizuwohnen. Di wollte sich noch einmal das Zimmer des Toten anschauen. Vielleicht hatten es seine Kollegen, die sich ebenfalls dorthin begeben haben mussten, mit etwas Glück unterlassen, sämtliche Hinweise zu zertrampeln, die die fehlenden Teile dieses Puzzles liefern könnten. Als er vor den Gemächern des toten Richters stand, erinnerte sich Di daran, dass er den Hofmeister gebeten hatte, mit einem Schlüssel abzusperren. Er wollte sich sogleich auf die Suche nach dem guten Mann machen, doch ein Gefühl veranlasste ihn, versuchsweise gegen den Türflügel zu drücken. Zu seiner großen Überraschung war das Zimmer nicht abgeschlossen.

Der Hofmeister war eigentlich nicht die Sorte Mensch, die sich Anordnungen widersetzte; die einzige plausible Erklärung war, dass sich einer oder mehrere Diener – aber wer? – in diesen Flügel des Gebäudes begeben hatten, um ihren Aufgaben nachzugehen und einer von ihnen gewohnheitshalber vergessen hatte, hinter sich abzuschließen. Doch was hatte man wohl an diesem schaurigen Ort gewollt?

Die Leiche befand sich noch immer, wie er es angeordnet hatte, auf dem Boden des Schlafzimmers. Sie war ordentlich in ein Öltuch eingeschlagen worden und lag auf einer geknüpften Matte, die an den beiden Enden mit einer Schnur aus geflochtener Seide zusammengebunden war und für einen solchen Zweck äußerst luxuriös anmutete. Es sah so sauber aus wie eine zur Auslieferung bestimmte Geschäftsware. Bei dem Anblick fühlte man sich an die sorgfältig zwischen zwei Vorstellungen verpackte Marionette eines Theaters erinnert.

Di schickte sich an, einen genaueren Blick auf das Zimmer zu werfen. Entgegen seiner Hoffnung bot sich auch bei Tageslicht kein anderes Bild von der Szenerie: Nichts war zerstört, nichts beschädigt. Ein Fenster war geöffnet, zwei Porzellanvasen waren umgestürzt, aus einem Heft war ein Blatt Papier herausgerissen worden, der Anfang eines Briefes an den Präfekten … Wäre dies ein Gemälde gewesen, so hätte man das Werk in seiner Einfachheit als Skizze eines Meisters bezeichnen können.

Er setzte sich in den Sessel des Toten und glättete die Haare seines Bartes, während er im Geiste die verschiedenen Ermittlungsergebnisse des Tages noch einmal durchging. Plötzlich bekam er einen Wutanfall. Das war aber auch die Höhe! Man konnte doch die Leute nicht derart an der Nase herumführen! Der Richter fühlte sich tief gekränkt, dass man dachte, er bräuchte mehr als 24 Stunden, um den Fall zu lösen. Dann brach er in Lachen aus. Seine Ermittlung war soeben zu einem Ende gekommen.

VI

Ein Toter wird wiedergefunden; und erleidet einen Rückfall.

Richter Di stieg die Treppe des Yamen hinunter und grübelte über das nach, was er sich zu den derzeitigen Geschehnissen innerlich notiert hatte: „Eine Leiche wird genau unter dem Fenster des Richters gefunden. Sie trägt die Robe eines Bezirksrichters, weshalb man sie für selbigen hält. Man hätte das Ganze als Übung im Rahmen der richterlichen Ausbildung ansehen können, als einen Schülerstreich!" Jetzt begriff er auch, warum man ihn nach Pien-fu gerufen hatte, obwohl er den freien Posten nie begehrt hatte. Der Präfekt hatte ihn aufgrund seines Rufs als schneller und erfolgreicher Ermittler ausgewählt, um in einem widerlichen Auswahlverfahren den Orientierungspunkt für alle abzugeben.

Es missfiel dem Präfekten keineswegs, seine Untergebenen ein wenig zu demütigen; vielleicht wollte er seine Kollegen auch nur motivieren, indem er ihnen vorführte, wie ein fähiger Ermittler arbeitete. Dieser Präfekt war ein gerissener, perverser Menschenverächter. Sie waren sämtlich nichts als Marionetten in einem kindischen Spiel von schlechtem Geschmack, allen voran er selbst.

Nach dieser Einsicht, die ihn wie ein Paukenschlag getroffen hatte, beschloss er, sich ein bisschen zu amüsieren. Er würde einfach alle täuschen. Tan und der Präfekt hatten sich über ihn lustig gemacht, nun würde er sich über sie lustig machen, um das Spiel umzudrehen.

Er machte sich auf die Suche nach seinem Freund Lo. Der gute Mann dürfte nicht schwer zu finden sein. Für eine „Untersuchung" bei den jungen Damen des Hauses der Begegnungen war es noch zu früh. Zweifellos führte er – wenn man die Hitze berücksichtigte – seine Nachforschungen im

Inneren einer vom Gericht nicht allzu weit entfernt gelegenen Schenke fort.

Di traf ihn tatsächlich unter wildem Wein sitzend an, mit einem Pinsel ausgerüstet, um die Details seiner Recherchen zu notieren. Sein Kopf allerdings ruhte auf seinen überkreuzten Armen und die Brust hob sich mit der Regelmäßigkeit einer Klepsydra.[6] Di setzte sich ihm gegenüber und klopfte ihm auf die Schulter, um ihn aufzuwecken. Lo hob langsam den Kopf. Als er seinen Kollegen erkannte, beeilte er sich, seine Position zu wechseln.

„Wie ich sehe, haben Sie gerade über unserem Fall gebrütet", sagte Di. „Haben Sie das Problem gelöst?"

„Ich bin einen großen Schritt weitergekommen", antwortete Lo mit schwerer Zunge. „Ich bin jedoch noch zu keinem ganz zufriedenstellenden Ergebnis gekommen und muss erst wieder Kraft sammeln, bevor ich weitermache. Es ist schrecklich heiß, finden Sie nicht auch?"

Di fragte sich, ob zu dieser „Erholung" ein Saufgelage gedient hatte oder das daraufhin erfolgte Schläfchen. Er beugte sich nach vorn und sagte mit ziemlich leiser Stimme, damit ihn außer seines Gesprächspartners niemand hörte:

„Ich glaube, ich habe ihren Überlegungen einiges hinzuzufügen, falls Sie mir Ihre Aufmerksamkeit schenken wollen."

Lo dankte ihm für seine Großherzigkeit und bedauerte in seinem Innersten sein schäbiges Verhalten vom Morgen. Daher spitzte er die Ohren, um die wertvollen Informationen zu erfahren. Was er zu hören bekam, ließ ihn beinahe vom Stuhl fallen.

„Ich behaupte, dass Tan nicht tot ist. Vielleicht hat der Präfekt seine Residenz nicht einmal verlassen, um dem Ruf zu dieser angeblichen, so gelegen einberufenen militärischen Zusammenkunft Folge zu leisten. Das alles ist nichts als Täuschung, ein Schelmenstück, bei dem der Yamen das Theater darstellt und das nur für uns aufgeführt wird."

„Haben Sie getrunken?", fragte ihn Lo argwöhnisch, was die Sache auf den Gipfel trieb. „Wir haben alle die Leiche unseres aus dem Fenster gestürzten Freundes gesehen! Wollen Sie mich etwa

[6] Eine im antiken Griechenland gebräuchliche Wasseruhr

glauben machen, dass er nach unserem Weggang wieder aufgestanden ist? Dass er seine ausgerenkten Glieder wiederhergerichtet und seinem platt gedrückten Schädel wieder die ursprüngliche Form gegeben hat? Ich habe gehört, dass Ihre Methoden verrückt sein sollen, aber nicht, dass ihre Schlüsse es ebenso sind!"

Richter Di holte tief Luft. Er musste die letzten Reste seiner Liebe für diese mit wenig Intelligenz ausgestattete Menschheit zusammenzukratzen, um seinen Plan weiter in die Tat umsetzen zu können.

„Richtig", entgegnete er, als rede er mit einem begriffsstutzigen Kind: „Das Gesicht war viel zu zerstört, als dass es tatsächlich hätte identifiziert werden können. Es hätte sich um einen x-beliebigen Mann ähnlichen Alters und gleicher Größe handeln können. Und es war ein x-beliebiger Mann, dem man die Robe angezogen hat, die unser Gastgeber kurz vorher noch selbst trug! Die späte Stunde, das jähe Erwachen und die Dunkelheit haben ein Übriges getan."

Lo hatte zuletzt mit offenem Mund zugehört.

„Warum glauben Sie, dass niemand während des Sturzes Schreie gehört hat?", fuhr Di fort.

„Welcher Mensch fällt aus dieser Höhe hinab, ohne den geringsten Klagelaut auszustoßen? Das Individuum, das man uns gezeigt hat, war bereits tot, als es aus dem Fenster gestoßen wurde. Ich gehe so weit zu behaupten, dass man die Leiche eines anderen Menschen verwendet hat, was nicht gerade von gutem Geschmack zeugt. Die hiesigen Mönche sind den Mächtigen gegenüber zu allen Zugeständnissen bereit, um ihren lukrativen kleinen Begräbnishandel zu fördern."

Lo hörte zu und machte immer größere Augen.

„Aber … warum?", stammelte er dann.

Richter Di schickte den Diener, der sich ihnen näherte, wieder fort und schenkte sich selbst einen Becher Wein ein, den er in einem Zug leerte.

„Dieser Mord war nichts weiter als eine jämmerliche List", erklärte er, „eine Art Prüfung, um herauszufinden, wer von uns der Fähigste ist, um diesen so begehrten Posten zu erhalten."

„Man hat also mit uns gespielt!“, schrie Lo auf.

Richter Di sagte sich, dass er nun, da selbst Lo es begriff, genug erklärt hatte. Lo war am Boden zerstört, als hätte er soeben erfahren, dass ihn sein kompletter Harem mit den Mitgliedern der örtlichen Garnison betrog. Als er plötzlich den Kopf hob, wunderte er sich, dass ihm sein Gefährte das Rätsel enthüllt hatte. Unabhängig von ihrer Freundschaftsbande war dies das reinste Geschenk. Lo trug die zweifelnde Miene eines Huhns zur Schau, das man einlud, am Neujahrsabend die Küche eines Restaurants zu besuchen.

Richter Di streckte sich in seinem Sessel und stieß einen tiefen Seufzer aus.

„Sehen Sie mich in dieser Umgebung, die aussieht wie die Bebilderung eines Märchens? Was soll ich denn hier? Ich brauche Aufregung, Konflikte, interessante Verbrechen und niederträchtige Morde mit viel Blut. Ich gestehe Ihnen, mein nach mir geborener Bruder, dass ich nicht für ein ruhiges Leben geschaffen bin. Das ist auch der Grund, warum ich den Posten verlassen habe, den ich in den Kaiserlichen Archiven bekleidete: entweder das oder an Langeweile zugrunde gehen. Nun, ich habe die Freuden der Hauptstadt nicht aufgegeben, um mich in einer Stadt zu engagieren, die meinen Scharfsinn nicht auf die Probe stellt – außer am heutigen Tag. Aber ich kann wohl kaum damit rechnen, dass man mir monatlich einen von Anfang bis Ende erfundenen Mord vorsetzt. Ich habe Ihnen den Schlüssel zur Lösung des Rätsels anvertraut, weil Ihnen das Gericht von Pien-fu weit besser zusagen wird als mir.“

Nachdem er sich mit Tränen in den Augen heiß dafür bedankt hatte, stellte Lo fest, dass nun nichts mehr weiter zu tun übrig blieb, als des trickreichen Schurken habhaft zu werden.

„Oh, machen Sie sich keine Mühe“, antwortete Richter Di. „Tan verbirgt sich in einer Gartenlaube am Ende seines Parks. Ich werde Sie sofort dorthin führen. Aber zuvor lassen Sie mich etwas zu trinken bestellen, um auf mein Scheitern anzustoßen. Was würde Ihnen zusagen?“

„Was Sie wollen, außer Mineralwasser“, entgegnete sein Kollege und fuhr sich mit der Zunge über seine bereits trockenen Lippen.

Etwas später brachte Richter Di, der mit dem Feuer gespielt hatte, bereits den dritten Toast aus. Dann zog er seinen Gefährten in die Gärten, bevor bei diesem auch noch der letzte Funken klaren Geistes erlosch, den er für die ihm bevorstehende Aufgabe benötigen würde. Die Beete und Sträucher der Gerichtsgärten waren in das milde Licht des Spätnachmittags getaucht. Sie begegneten keinem ihrer Kollegen, die zweifellos noch mit ihren jeweiligen Ermittlungen beschäftigt waren.

Für Richter Di war es kein Problem, den Weg zu rekonstruieren, den er vor dem Mittagessen gegangen war. Am Ende des Parks, etwas abgelegen, stand ein eleganter Pavillon mit halb geöffneten Fensterläden. Man brauchte nicht besonders viel Fantasie, um sich vorzustellen, dass sich darin eine Person versteckt hielt, die nicht völlig im Dunkeln sitzen wollte.

„Hier ist es, aller Wahrscheinlichkeit nach“, sagte Di. „Überraschen Sie ihn! Meiner Meinung nach wird er erstaunt sein, Sie zu sehen.“

Die Bemerkung schien den dicken Richter Lo ein wenig zu kränken. Genau genommen war es wenig schmeichelhaft, sich diesem Täuschungsspiel ohne Widerrede hinzugeben. Andererseits war er diese Art Andeutungen gewohnt. Und die Aussicht, in Pien-fu, einem idealen Standort für literarische Wettstreite von unvergleichlichem Glanz, den Vorsitz zu erhalten, hätte ihn sogar die schlimmsten Beleidigungen ertragen lassen, ohne mit der Wimper zu zucken. Er versuchte über den Daumen gepeilt zu bewerten, wie hoch man das kulturelle Budget einer so blühenden Badestadt wohl ansetzen konnte.

„Fassen Sie sich ein Herz!“, ermunterte ihn sein Gefährte. Nach einem sanften Stoß in den Rücken erklomm der Dichter die acht Stufen der Freitreppe und klopfte an die Tür des Häuschens. Di sah, wie er die Tür aufrückte und eintrat. „Nun“, dachte er. „Der Fall ist abgeschlossen, eine gute Tat vollbracht und wir haben Rache geübt – alles auf einmal. Ich hätte mich auf die Strategie des Go-Spiels spezialisieren sollen, da hätte ich ein Vermögen gemacht.“

Die Vorstellung, Tan und den Präfekten auszutricksen, amüsierte ihn außerordentlich. Er hatte es ihnen mit gleicher Münze heimgezahlt: Sie hatten vorgehabt, den besten Ermittler auszuwählen und sich gleichzeitig über die anderen lustig zu machen. Di bescherte ihnen einen großen Säufer ohne die geringsten polizeilichen Fähigkeiten. Es war ihm klar, dass letztlich er selbst der Richtige für den Posten von Pien-fu gewesen wäre, und so lächelte er nun in seinen Bart.

Der Anblick von Lo, der schwankend die Stufen herabkam, unterbrach diese Übung im Selbstbeglückwünschen. „Das gibt es doch nicht, er ist betrunkener, als ich geglaubt habe", dachte Di. Schon bedauerte er seine Großzügigkeit, weil sich dieses jämmerliche Individuum derart unwürdig verhielt. Wer würde jemals glauben, dass ein solcher Säufer derart schnell ein Rätsel gelöst hatte, das für einen scharfsinnigen Geist wie den seinigen bestimmt gewesen war?

Lo war kreidebleich. „Er ist tot", verkündete er.

„Aber nein, es sieht doch nur so aus. Ich stelle mit einer gewissen Traurigkeit fest, dass Sie nichts verstanden haben, Lo! Sie müssen mir schon zuhören, wenn ich spreche."

Lo setzte sich auf einen Stein. „Sie sind es, der nicht versteht. Ich habe Ihnen gesagt, dass er tot ist. Tan ist tot. Das, was man ‚tot' nennt. Schauen Sie ihn sich selbst an."

Richter Di hob den Blick zum Himmel. „Sie müssen mit dem Trinken aufhören, Lo! Ihr Erfolg als Dichter entschuldigt nicht alles."

„Ich sage Ihnen, dass er nun erneut gestorben ist, und das ist keine Dichtung."

Jetzt trat auch Di in den Pavillon. Drinnen herrschte stickige Luft. Als sich seine Augen an das Halbdunkel gewöhnt hatten, wurde er eines hübsch möblierten Raums gewahr mit mehreren Sofas, auf denen dicke Kissen lagen; ein idealer Platz für lasterhafte Schläfchen. Aber etwas passte nicht zu dieser eleganten und heimeligen Atmosphäre: Etwa einen Meter über dem Boden hing unbeweglich ein Mann; diesmal hatte Tan die letzte Ruhe am Ende eines langen Stricks gefunden, der um einen Dachbalken geschlungen war.

„Das entwickelt sich ja zur reinsten Gewohnheit“, dachte Di und betrachtete das makabre Bild. Er zögerte kurz, dann rief er: „Steigen Sie doch herunter, das ist wirklich albern!“ Er betastete den Körper, um sich zu vergewissern, ob man nicht erneut vorhatte, sie irgendwie zu täuschen. Eine schnelle Untersuchung bestätigte, dass es tatsächlich Tan war, der da vor seinen Augen hing und seit kurzer Zeit nicht mehr atmete, ein Toter, dessen Überleben er vor einigen Minuten noch mit der schönsten Theorie der Woche untermauert hatte.

Di wusste nicht, ob er wegen dieser neu aufgetretenen Entwicklung mehr überrascht ob dieser unerwarteten Wende oder aber enttäuscht sein wollte, dass seine brillanten Schlüsse widerlegt worden waren. Er warf einen Blick durch die halb geöffneten Fensterläden. Lo, der noch immer auf seinem Stein saß, fing sich langsam wieder. Er wischte sich mit den Enden seiner bestickten, langen Ärmel über die Stirn.

Di nutzte das aus, um den Ort näher zu erkunden. Er war so eingerichtet, dass man bequem zwei oder drei Tage darin verbringen konnte: Es gab Bücher, etwas zu schreiben, eine inzwischen kalt gewordene Teekanne und ein Damebrett, auf dem eine Partie begonnen worden war.

„Wir müssen die anderen verständigen“, sagte Lo, der nun auf der Schwelle stand, aber nicht wagte, ein zweites Mal einzutreten, „um ihnen die Wahrheit zu sagen.“

In dem Pavillon gab es auch einen Gong, der im Allgemeinen für das Dienstpersonal bestimmt war. Di trat auf die Außentreppe und schlug mit einem kleinen Hammer mehrmals darauf, woraufhin sofort eine Dienerin herbeieilte. Di bat sie, die sehr ehrenwerten Kollegen zu holen.

Die vier verbliebenen Richter erschienen bald darauf fast gleichzeitig, mehr oder weniger verärgert, weil sie in ihren jeweiligen Beschäftigungen gestört worden waren.

„Glauben Sie, dass dies ein guter Augenblick ist, um jetzt Tee im Garten zu trinken?“, frage Dao-Li barsch.

„Ich habe die Ehre und die Pflicht, Ihnen mitzuteilen, dass das Rätsel um Tans Tod geklärt ist“, entgegnete Richter Di. „Die Lösung befindet sich im Pavillon.“

„Das würde mich aber sehr wundern", sagte Kien Fang-te. „Meine Untersuchung hat mich an die Stadttore geführt. Unser Mörder ist in der letzten Nacht abgehauen; zwei Wachen haben gesehen, wie er mit der Geschmeidigkeit eines Affen die Mauer hochgeklettert ist. Sie sind bereit, vor Gericht auszusagen. Wahrscheinlich handelte es sich um einen herumlungernden Landstreicher, der irgendein übles Ding gedreht hat."

Mei zuckte mit den Schultern. „Aller Wahrscheinlichkeit nach", sagte er, „ist der Schuldige ein Fischhändler, und ich kann mir nicht vorstellen, was ein solcher in einem Teesalon des Parks machen sollte."

Nun mischte sich auch Shang ein: „Entschuldigen Sie, meine verehrten Herren Kollegen, wenn ich Ihnen widerspreche. Es handelt sich um eine Verschwörung, deren Wurzeln sich bis an den Hof zurückverfolgen lassen. Ich sage nicht mehr als: Staatsgeheimnis. Sie wissen, was ich meine."

Di schlug ihnen vor, sich selbst zu überzeugen, und so traten die vier Männer ein. Sofort waren Schreie des Entsetzens zu hören. Kien Fang-te erschien erneut und war äußerst wütend. „Sie sind verrückt! Das gibt es doch nicht, mit den sterblichen Überresten eines Richters so umzugehen! Mein Schwiegervater wird sehr zornig sein, wenn er das erfährt. Wie können Sie es wagen, die Leiche unseres unglücklichen Bruders aufzuhängen!"

Jetzt erschien Dao-Li. Er hielt sich am Geländer fest, wohl als Folge eines leichten Schwächeanfalls. „Schweigen Sie!", stieß er hervor. „Diese Leiche ist nicht die gleiche wie die von gestern Nacht, man sieht deutlich, dass sie niemals durch ein Fenster gestoßen wurde. Das Gesicht ist noch in einwandfreiem Zustand."

Lo bemühte sich, die Situation zu erklären: Tan habe vorgegeben, tot zu sein, nun aber sei er tatsächlich tot. Der alte Mei hatte für diese bizarre Aussage sofort eine Erklärung parat: „Ich wusste sofort, dass sich die Dinge mit Ihnen komplizieren würden, Di", meinte er, begleitet von einer vorwurfsvollen Bewegung in dessen Richtung.

„Wenn Sie da sind, werden aus Unglücksfällen Selbstmorde, aus Selbstmorden Morde und die Verbrechen verwandeln sich in labyrinthische Verschwörungen."

Di stellte nun in wenigen Worten dar, was für eine makabre Farce Tan und der Präfekt veranstaltet hatten, die nun so schlimm geendet war.

Als sie diese Nachricht einigermaßen verdaut hatten, erschien es allen geraten, den armen Mann herunterzuholen. Es passte nicht zur Würde ihres Standes, dass einer von ihnen in kleinen konzentrischen Kreisen an einem Balken baumelte.

„Ich werde diesen Schal aufknoten", sagte Shang. Das Wort „Schal" hallte in Richter Dis Ohren nach. Als er den Toten aus der Nähe betrachtete, stellte er fest, dass der Erhängte von einem langen Stück eines Stofftuches gehalten wurde, das von einem Vorhang hätte stammen können, wie sie die Fenster des Yamen schmückten. Der Gelehrte zerrte am Ende des improvisierten Seils, und der Knoten löste sich unverzüglich auf. Der Tote stürzte in die Arme Dao-Lis und Los, die unter dem Gewicht ins Wanken gerieten.

„Packen Sie ihn doch, los!", rief Dao-Li verärgert. „Ich bin doch kein Lastträger!"

„Aber ich schon, was?", bellte Lo und versuchte sein Möglichstes, um nicht mit der Leiche auf den Teppich zu stürzen. „Wenn uns die verehrten Brüder vielleicht etwas behilflich sein könnten ..."

Mei und Kien sahen mit verschränkten Armen zu. Sie machten keinerlei Anstalten, sich abzumühen oder ihre gepflegte Kleidung zu zerknittern. Di war in die Betrachtung des aufgeknüpften Vorhangs versunken. Also legten sie Tan auf eines der Sofas, wobei sie versuchten, ihn in eine natürliche Lage zu versetzen.

Die linke Hand des Toten hing auf beklagenswerte Weise hinab. Lo drückte sie ihm auf die Brust und glättete die Kissen, als sei er im Begriff, ein Schläfchen zu halten. In Verbindung mit den geschlossenen Augen verlieh ihm dies ein beruhigenderes Aussehen. Richter Di dachte, dass seinen Kollegen nichts teurer war als ihre moralische Behaglichkeit, wie dieses Beachten äußerlicher und altmodischer Details mal wieder verdeutlichte.

„Ich werde den Leichenbestatter verständigen“, sagte Mei halb ärgerlich, halb resigniert.

„Ausgeschlossen!“, rief Shang. „Was für eine Schnapsidee!“

Mei erwiderte, dass dies in Fällen des verdächtigen Dahinscheidens amtliche Vorschrift sei.

„Bevor wir nicht beschlossen haben, dass das ‚Unglück‘ öffentlich bekannt werden darf, können wir niemanden von draußen herbeizitieren“, bekräftigte Dao-Li. „Wir sollten nichts übereilen! Dies ist kein alltäglicher Fall. Wie es aussieht, hat man unseren Gastgeber gewissermaßen vor unseren Augen ermordet – und zwar zweimal, was noch schlimmer ist! Wir riskieren also, zum Gespött der ganzen Stadt zu werden. Was sage ich? Der ganzen Provinz!“

Di, der ja auch medizinische Kenntnisse hatte, schlug vor, die Leiche zu untersuchen. Der Körper war noch nicht steif, der Tod musste erst vor Kurzem eingetreten sein. Er nahm ihm die Kappe ab und beschäftigte sich mit dem Schädel, den er lange abtastete, um nach einer eventuellen Schwellung zu suchen, die auf eine Gewalteinwirkung hingedeutet hätte. Dann wandte er sich ab und schätzte die Entfernung zwischen jener Stelle, an der die Leiche gehangen hatte, und jener, an der der Vorhang vertäut worden war.

„Nun gut, diesmal liegt also ein Selbstmord vor“, sagte Kien Fang-te. „Daran ist nicht zu zweifeln. Unser Freund hat sich wegen der schändlichen List, die er ersonnen und angewandt hat, geschämt und es daher vorgezogen, sein Leben zu beenden, bevor er sich unseren gerechten Zorn zugezogen hätte.“

Er bedauerte, dass sein Schwiegervater nicht anwesend war und regte an, dass Mei ihm unverzüglich noch einmal schreiben solle.

Nichts hielt sie nun mehr an diesem Ort des Todes. Sorgfältig verschlossen sie alle Fensterläden und zogen die Tür hinter sich zu.

„Es war doch ein Selbstmord, nicht wahr?“, fragte Lo und warf Richter Di aus dem Augenwinkel einen Blick zu.

Der strich sich nachdenklich über seinen langen Bart. „Gewiss“, antwortete er dann. „Wenn man einmal von dem Vorhang absieht, der am anderen Ende des Zimmers festgemacht worden ist. Falls

Sie mir beweisen können, wie es einem Mann gelingt, sich erst selbst niederzuschlagen und sich anschließend zu erhängen, dann gibt es diesbezüglich keine Zweifel mehr."

Nach diesen Worten wurde die Atmosphäre noch frostiger.

VII

Der Präfekt spielt weiterhin den Unsichtbaren;
ein geheimnisvoller Einbrecher richtet ein Chaos an.

Wieder zurück im Yamen begegneten die Richter dem Hofmeister, der sich mit einem Tablett in der Hand unauffällig in den Garten begeben wollte. Die Sachen, die sich darauf befanden, waren zweifellos als Abendessen für den Erhängten bestimmt.

„Da ist sein Komplize!“, rief Shang Uchang und richtete seinen Zeigefinger anklagend auf den Diener. „Der hinterlistige Mensch! Der Lügner!“

Es sah aus, als stürzte sich ein Schwarm Krähen auf ein frisch ausgesätes Feld. Der Unglückliche sah sich umgeben von Richtern, wütend, dass man sie getäuscht hatte. Sie überhäuften ihn ohne jegliche Zurückhaltung mit zahllosen Vorwürfen, die eigentlich für seinen Herrn bestimmt gewesen wären.

„Wir wissen alles!“, erklärte Dao-Li. „Auf die Knie! Gestehe!“

Erschrocken über diesen Wutausbruch gehorchte der Hofmeister und begann, sich zu rechtfertigen, indem er mit dem Kopf demütig auf den Boden schlug: „Diese armselige Person, die vor Ihnen kniet, bittet Eure Exzellenzen, ihm seine Dreistigkeit zu verzeihen. Ich habe nichts weiter getan, als meinem Herrn zu gehorchen. Die Erklärungen des ehrenwerten Herrn Tan werden meine Rolle in dieser Angelegenheit unmissverständlich aufzeigen.“

„Ich fürchte, dazu wird es nicht mehr kommen“, entgegnete Richter Di düster.

Der Diener war der wichtigste Zeuge dieser Trickserei. Die Vorwürfe gegen ihn verwandelten sich in ein Verhör; über Tan wurde in Abwesenheit Gericht gehalten. Der Diener erklärte halblaut, dass er die Aufgabe gehabt habe, seinen Herrn über den chaotischen Verlauf der sechs Untersuchungen auf dem

Laufenden zu halten. Tan warte in aller Seelenruhe ab, ob einer von ihnen sein Häuschen entdecken würde, was er aber als wenig wahrscheinlich erachtet habe.

„Auch für unseren lieben Di?“, wunderte sich Lo, der glaubte, seinem großzügigen Kollegen gegenüber eine moralische Verpflichtung zu haben.

„Trotz seines Rufes, ein Experte für ungewöhnliche Nachforschungen zu sein? Was für eine Ungerechtigkeit!“

Dass Lo die Gelegenheit nutzte, ihm zu schmeicheln, entging Di keineswegs. Sein Kollege schloss gewissermaßen eine Versicherung für die Zukunft ab, und hoffte, erneut von vertraulichen Mitteilungen profitieren zu können.

„Mein Herr“, sagte der äußerst eingeschüchterte Hofmeister, „hat gedacht, dass der ehrenwerte

Herr Di zunächst in der Unterwelt von Pien-fu ermitteln würde, bevor er den Park untersuchte. Ich muss gestehen, dass ihn die Vorstellung außerordentlich belustigt hat, praktisch am Ende der Welt gesucht werden zu müssen. Der erhabene Richter Tan ist ein Mensch, der immer zu Späßen aufgelegt ist.“

Es stellte sich heraus, dass der Präfekt hingegen, anders als vermutet, tatsächlich an einem Treffen mit dem Generalstab der Küste von Chang-Tong teilgenommen hatte. Nur war er bereits vorab informiert gewesen: Er wusste, als er seine Untergebenen zu sich beorderte, dass er sie schon kurz nach ihrer Ankunft wieder würde verlassen müssen. Was sehr gut zu seinem Plan gepasst hatte.

Jede neue Information bedrückte die Richter etwas mehr. „Wie konnten Sie nur eine Gruppe hoch verehrter Richter so belügen?“, entrüstete sich Mei Haodi.

Die reuevolle Miene des Dieners bewies klar, dass sie von Tan und dem Präfekten für eine zu vernachlässigende Größe gehalten wurden. Sein Gesichtsausdruck war der Spiegel der Meinung, die sein oberster Gebieters von ihnen hatte. Und in seinen Augen war nichts Schmeichelhaftes zu ihren Gunsten zu finden. „Darf ich Sie untertänigst fragen, wo sich der ehrenwerte Herr Tan zurzeit befindet?“, erkundigte sich der Hofmeister, der genug davon hatte, den Zorn der Richter allein ertragen zu müssen.

Man teilte ihm also endlich mit, dass Besagter in seinem Versteck dahingeschieden war, ohne dass man eine erneute Wiederauferstehung erwarten könne.

Der Hofmeister wirkte geschockt. Er schlug beide Hände vors Gesicht und warf sich auf den Boden.

„Das ist doch nicht möglich! Eine solche Tragödie! Hier bei uns? Was für eine Schande für unser Haus!"

„Aha, jetzt mimt man also nicht mehr den Schlauen, was?", sagte Kien. „Wer einmal lügt …"

„Entfernen Sie sich nicht von der Residenz!", befahl Dao-Li. „Sie könnten sehr wohl angeklagt werden, in den Mordfall verwickelt zu sein! Augenblicklich sind Sie der einzige Verantwortliche für diese Beleidigung unserer Würde. Zumindest hoffe ich das …"

Der Diener schien noch betretener zu sein als zuvor.

„Soll ich das so deuten, dass Sie tatsächlich nicht der Einzige sind, der informiert war?", erkundigte sich Richter Di plötzlich misstrauisch. Sein Gegenüber hielt den Kopf weiter gesenkt. „Wie viele Personen sind noch eingeweiht? Eine? Zwei?"

Der Diener wagte nicht zu antworten. Sein Schweigen verhieß nichts Gutes. „Noch mehr? Vielleicht das ganze Personal?"

Der Hofmeister schlug seine Stirn erneut auf
das Pflaster, um sie milde zu stimmen. Die Richter fühlten sich plötzlich, als seien sie in eine feindliche Welt geraten, in der sich selbst hinter dem harmlosesten Gesicht jemand verbarg, der Böses im Schilde führte.

Das Gefühl, zum Gespött ihrer Untergebe nen geworden zu sein, verletzte insbesondere ihr Klassenbewusstsein, das bei ihnen noch stärker ausgeprägt war, da sie sich zu den höchsten Kasten des Kaiserreichs zugehörig fühlten. „Man wird kein gutes Haar mehr an uns lassen", jammerte Shang, der damit das allgemeine Empfinden in Worte fasste. „So viele brillante Studien, um dann so zu enden! Unsere Ehre ist bis in die nächsten drei Generationen hinein beschmutzt!"

Trotz dieser kleinen Übertreibung war auch Richter Di der Ansicht, dass dies alles recht ärgerlich war. Im Prinzip war man sich darin einig, dass die Nachricht von der Täuschung, der sie alle zum Opfer gefallen waren, um keinen Preis diese Residenz verlassen durfte – so lange sie keinen Schuldigen gefunden hatten, über den sich die öffentliche Schmach ergießen konnte.

Mei regte an, das Personal so zu bedrängen, dass es bereit war zu reden. Mit diesem Verfahren schien er vertraut zu sein; er schlug dabei vor, alle Diener im Gerichtssaal zusammenzurufen, um ihnen dann mit schweren Strafen und einer unbestimmten Anzahl von Peitschenhieben zu drohen, sollten sie die Nachricht ohne ausdrückliche Erlaubnis weiterverbreiten.

Diese Maßnahme entsprach ihren Empfindlichkeiten und schien zumindest dazu geeignet, das Geheimnis des Todesfalles lange genug zu bewahren, bis der Präfekt zurückgekehrt war. Di fragte den Hofmeister, wann er Tan zum letzten Mal gesehen habe. Dies sei mittags gewesen, als Di selbst von seinem Beobachtungsposten aus, an dem er vermeintlich seinen Mittagsreis verspeiste, spioniert hatte.

Der Mord konnte also nur am frühen Nachmittag verübt worden sein und zwar just zu der Zeit, als er Lo unter dem wilden Wein im Restaurant seine brillante Theorie vorgetragen hatte. Tan konnte ausschließlich von jemandem getötet worden sein, der von einer Stelle aus zum Garten Zugang gehabt hatte, die Angehörigen des Palastes vorbehalten war. Dies schränkte die Möglichkeiten beachtlich ein. Eigentlich hieß das, dass der Kreis der Verdächtigen sich mit dem Personal … und den fünf zusätzlich Eingeladenen erschöpfte.

Es konnte sich natürlich auch um eine dunkle Eifersuchtsaffäre innerhalb des Hauses handeln, schließlich hatte er festgestellt, dass der verstorbene Richter die jungen Dienerinnen keineswegs verschmähte. Falls aber der Mörder dem Dienstpersonal oder den Angestellten des Gerichts angehörte, ergab sich die Frage, warum er ausgerechnet den Besuch der Richter abgewartet haben sollte, um seine Tat zu begehen. Dies war doch der denkbar ungeeignetste Augenblick für eine Abrechnung!

Die plausibelste Erklärung war daher – dies sagten Richter Di sowohl seine Intuition als auch die einfache Logik –, dass einer der Richter aus Eigennutz zum Mörder geworden sein musste.

Könnte es sein, dass einer von ihnen durch den Umgang mit Kriminellen auf die andere Seite geraten war?

Di wusste nur zu gut, dass die kriminelle Versuchung jeden einmal lockte: Wie viele bewährte Beamte und brave Ehemänner hatte er schon erlebt, die sich in Mörder verwandelt hatten, weil sie ihren Träumen den Vorzug vor den gesellschaftlichen Konventionen gaben? Der vorgetäuschte Mord und dass Tan sich freiwillig in die Abgeschiedenheit des Pavillons zurückzog, hatten dem Täter eine günstige Gelegenheit verschafft, sich seiner zu entledigen.

Falls sich diese Überlegungen bewahrheiten sollten, so galt es das Motiv für das Verbrechen herauszufinden und ob es mit der Ausübung der öffentlichen Funktionen, mit der Vergangenheit oder den Gewohnheiten des Opfers zusammenhing. Der Richter fühlte sich plötzlich unwohl. Er trauerte den blutigen Witwen und den niederträchtigen Halsabschneidern aus seinen Vorstädten nach, mit deren Taten er sich gewöhnlich auseinanderzusetzen hatte.

Er hatte den Eindruck, sozusagen in der eigenen Familie, im eigenen Clan, nach einem Verbrecher suchen zu müssen. Daher hoffte er beinahe, seine Ermittlungen nicht erfolgreich abschließen zu können.

Nun begann das Warten auf den Präfekten. Im Salon, der an den Bankettsaal grenzte, wurde der Tee serviert, danach das Abendessen aufgetragen.

„Die Situation wird langsam unerträglich“, murrte Shang Uchang. „Glauben Sie, dass er bald kommt?“

„Ich würde es schon begrüßen“, antwortete Dao-Li, „denn ich hätte ihm ein paar Worte zu sagen.“ Seine Miene war beinahe ebenso dunkel wie seine Ohrenkappe.

„Genau genommen“, sagte Kien und strich sich im Glanz einer Karaffe seinen gepflegten Schnurrbart glatt, „war dies das erste Mal, dass den armen Tan das Glück verlassen hat. Bei seinen bisherigen Ernennungen hat die Vorsehung über ihn gewacht; er ist von unserer Hierarchie stets aufs Vortrefflichste bedacht worden. Weiß jemand, welchen Posten man ihm bei Hofe versprochen hat?“

„Den des Ersten Sekretärs des Kulturministers“, antwortete Dao-Li. „Ich weiß das aus erster Hand, denn der Minister ist ein Vetter meiner Mutter.“

„Ihre angeborene Demut erleichtert es Ihnen sicherlich, die Tatsache zu ertragen, dass ein unbedeutender Mann wie er solch ein angenehmes Amt übertragen bekommen hat – dass der Vetter Ihrer Mutter ja auch Ihnen hätte zuschanzen können“, warf Mei mit unschwer zu überhörendem Sarkasmus ein.

„Genauso wie die Ihrige Ihnen dazu verhilft, Ihre Karriere in einer abstoßenden, winzigen und spektakulär verarmten Stadt zu beenden“, kam umgehend die Retourkutsche von Dao-Li.

Die beiden Männer hüllten sich lange in feindliches Schweigen, das nicht dazu beitrug, die Atmosphäre zu entspannen. „Noch zwei Stunden in dieser Stimmung“, dachte Di, „und sie fallen wie Raubtiere übereinander her und zerreißen sich.“ Die Antwort des Präfekten erreichte sie im Laufe des Abends. Ihr oberster Gebieter hatte Meis Botschaft offenbar nicht verstanden. Er wunderte sich, warum man ihn ein zweites Mal mit Tans Tod belästigte, und befahl den Richtern sehr schroff zusammenzuarbeiten, um den Fall aufzuklären, ohne seine Person weiter zu behelligen.

Der Bericht ihres Ältesten war ungenau gewesen, und sie befanden sich damit wieder in derselben Situation wie am Vorabend. „In gewissem Sinne hätte ich mich geärgert, wenn ich einen ganzen Tag für nichts und wieder nichts ermittelt hätte“, sagte der alte Mei, wobei er wahrscheinlich an die drei Sous dachte, die ihn die mageren Informationen gekostet hatten, die er von den Straßenkindern ergattert hatte.

„Aber ja“, entgegnete Dao-Li. „Sie können uns ja Ihren Verdacht hinsichtlich des Fischgeschäfts noch einmal erläutern … und Sie, Kien, die Geschichte des Affenmenschen, der während der Nacht die Mauern erklommen hat. Das bringt uns bestimmt weiter! Ihre Ermittlungen haben augenscheinlich einen Riesensatz nach vorn gemacht!“

Sie beschlossen, den Status quo aufrechtzuerhalten: Das Personal sollte weiterhin glauben, dass sich Tan im hinteren Teil des Parks aufhielt, dies würde die Nachforschungen erleichtern. Der Hofmeister sollte weiterhin so tun, als würde er ihn mit Essen versorgen, als wäre nichts geschehen. Sie setzten sich eine Frist von drei Tagen, um dieses Rätsels Lösung zu finden.

Das war eine Herausforderung, wie Richter Di sie liebte: so gut wie unmöglich zu entschlüsseln.

Momentan jedoch konnten sie nichts anderes tun, als schlafen zu gehen.

Während er genau dies versuchte, fiel Di ein, dass er es versäumt hatte, Tans Büro zu untersuchen. Jetzt quälte ihn dieser Gedanke so sehr, dass er ihn davon abhielt, die Augen zu schließen. Er stand daher wieder auf, entzündete eine Laterne und begab sich auf den Gang hinaus.

Die Tür zum Büro war nicht verschlossen. Gleich beim Eintreten stellte er fest, dass er nicht der erste war, der diesen Besuch unternahm: Der Raum war geradezu verwüstet. Der Inhalt aller Regale lag auf dem Teppich. Die hölzernen Truhen waren geöffnet, die Kisten des Archives klafften auf. Überall lagen aufgeknotete und aufgewickelte Papierrollen verstreut. Der Einbrecher hatte offensichtlich nach einem wertvollen Dokument gesucht, das nur schwer zu finden gewesen war. Einzig der Mörder konnte dem Richter zuvorgekommen sein; er hatte seine Kollegen seit der Feststellung des tatsächlichen Todesfalles nicht mehr verlassen. Der Einbruch konnte also nur nachmittags erfolgt sein, und zwar zwischen dem Tod des Richters und der Entdeckung der Tat.

Di warf einen Blick auf den Haufen herumliegender Papiere, sah aber nichts Verwertbares. Entweder hatte der Übeltäter seine Beute mitgenommen oder war mit leeren Händen wieder gegangen. Der Zustand des Zimmers sprach für diese zweite Annahme. Die Durchsuchung hatte eine Weile gedauert und war dann immer hektischer fortgesetzt worden: Der Mann musste sie entweder panisch oder aber wütend beendet haben, eventuell sogar beides.

Was mochte er gesucht haben, das so kompromittierend war, dass es den Mord an einem kaiserlichen Richter gerechtfertigt hatte, ein Verbrechen, das mit dem langsamsten, dem schmerzhaftesten, dem schrecklichsten Tod bestraft wurde, den das Strafgesetzbuch vorsah? Wer mochte sich zu so einer Tat hinreißen lassen, an deren Ende seine Haut durch die scharfe Klinge des Henkers öffentlich in feine Streifen geschnitten würde, eine Prozedur von zwei bis drei Stunden, bevor der letzte Atemzug getätigt wurde? Ein Unwissender, ein Verrückter oder ein Verbrecher, der sich seiner intellektuellen Fähigkeiten so sicher war, dass er die Gewissheit zu haben glaubte, niemals entdeckt zu werden.

Um diese Zeit wurden die Tore zum Palast streng bewacht. Nur eine Person, die sich im Inneren des Yamen aufhielt, hatte diesen Einbruch durchführen können. Die Papiere waren systematisch unter die Lupe genommen worden. Das war zu viel, dies war ein Fall für die Gelehrten. Richter Di kam zu dem Schluss, dass nicht nur Tan ermordet worden war, sondern dass tatsächlich einer der Richter der Schuldige sein musste.

„Na, da haben Sie aber ein schönes Chaos bei Tan angerichtet!“, sagte plötzlich eine Stimme in seinem Rücken.

Lo stand auf der Schwelle zum Büro.

„Es war der Mörder, der das getan hat“, knurrte Di. „Und ich befürchte, dass es einer von uns gewesen ist.“

„Aber warum ihn umbringen?“, wunderte sich Lo. „Tan ist doch versetzt worden, sein Posten war doch in jedem Fall frei geworden!“

„Wer sagt Ihnen denn, dass der Mord etwas mit dieser Postengeschichte zu tun hat?“, fragte Richter Di und glättete mit den Fingern seine Barthaare. „Ein Mord kann tausend andere Beweggründe haben als Lust, Liebe oder Rache.“

„Ach ja?“, staunte Lo. „Da widersprechen Sie sich aber! Lust, Liebe oder Rache sind doch die drei Drehund Angelpunkte jeder Ermittlung. Ich sehe nicht, von welchen anderen Motiven Sie sprechen könnten.“

Richter Di seufzte: Genau darin bestand das Problem seines Kollegen.

VIII

Eine Dienerin öffnet ihr Herz; Richter Di bekommt wenig erfreuliche Geständnisse zu hören.

In dieser Nacht schlief Di ausgesprochen schlecht. Seit seinem Erwachen beschäftigte ihn erneut nur ein Gedanke: Möglicherweise hielt sich in einem der fünf Zimmer, die neben dem seinigen lagen, ein Mörder auf. Was hatte Tan Jinxuan herausgefunden, das zu seiner Ermordung führte?

In der Vorhalle begegnete er Dao-Li, der sichtlich bemüht war, den Augenblick des Heraustretens hinauszuzögern.

„Wenn ich mir vorstelle", klagte er, „dass ich zu Fuß durch die Straßen laufen soll wie ein gewöhnlicher … eben wie Sie, Di."

Letzterer dachte bei sich, dass das Herabsteigen aus seiner Sänfte diesem Sohn einer adligen Familie, der von Kindesbeinen an ausschließlich auf Samt gebettet worden war, nur guttun würde.

Di begab sich in den Teil des Gebäudes, der vom Personal bewohnt wurde. Er war neugierig, ob er der kleinen Dienerin wieder begegnen würde, die tags zuvor in den Garten geeilt war. Bestimmt hatte sie ihren Herrn als Letzte lebendig gesehen. Knapp beschrieb er sie einer Köchin. Als er erwähnte, dass die junge Frau scheinbar mit dem Herrn auf äußerst gutem Fuß stand, erhellte sich das Gesicht der guten Frau: „Ach, das war Herbstrose! Sie ist dort unten im Hof und füttert das Geflügel."

Die junge Frau war gerade dabei, den Enten im Käfig Körner zuzuwerfen, die nicht lange brauchten, um alles aufzupicken. Sie mochte etwa zwanzig Jahre alt sein und sah mit ihren kleinen Brüsten unter der leichten Bluse sehr appetitlich aus. Di wünschte ihr einen guten Morgen, worauf sie sich tief vor ihm verbeugte, wie es sich standesgemäß geziemte. Di fühlte sich plötzlich unbehaglich bei der Vorstellung, ihr indiskrete Fragen stellen zu müssen. Er bat sie, ihre Arbeit nicht zu unterbrechen. Während sie Wasser in die Tränke goss überlegte er, wie er auf diplomatischem Wege an die Sache herangehen sollte. Sie wusste ja von dem ‚zweiten Tod' des Richters noch nichts; auch war es heikel, das gewagte Thema ihrer intimen Beziehung sowie die aktuelle Situation anzusprechen.

„Nun!", sagte er, „Sie haben Ihren Herrn sehr gern, mein Kind, nicht wahr?"

Sie entgegnete, dass Herr Tan von allen Leuten geliebt werde. Di ärgerte sich, die Frage so gestellt zu haben, diese Antwort hatte ja auf der Hand gelegen. Es war wohl besser, ganz offen zu ihr zu sein. „Ich habe mir sagen lassen, dass Sie zu ihm … eine besonders enge Beziehung unterhalten haben."

Das Mädchen zog die Handvoll Körner, die sie gerade den Hühnern hinwerfen wollte, zurück.

„Eure Exzellenz dürfen nicht alles glauben, was böse Zungen erzählen", antwortete sie dann nach kurzem Zögern. „Ich bin ein anständiges Mädchen."

„Na gut", sagte sich der Richter und seufzte innerlich. „So kommen wir nicht weiter."

„Lügen Sie nicht", sagte er und runzelte die Stirn. „Ich bin gut informiert und weiß, dass Sie ihn manchmal in seiner Privatwohnung besuchen. Sie müssen mir jetzt aufrichtig antworten oder ich werde Sie vor Gericht von meinen Kollegen befragen lassen."

Sie konnte keine gute Meinung von dieser Zusammenkunft der Beamten haben, denn die Vorstellung, vor den Richtern auf dem eiskalten Pflaster des Gerichtssaales eine Erklärung abgeben zu müssen, ließ sie erzittern.

„Ein anständiges Mädchen kann eine gewisse Schwäche für seinen Herrn haben, ohne seine Ehre zu verlieren", antwortete sie spitzfindig.

Der Richter seufzte entspannt. Seine Kollegen dienten doch perfekt als Schreckgespenster. Er bedauerte, dass diese Methode der Einschüchterung außerhalb der Grenzen von Pien-fu wohl kaum funktionieren würde.

Einige gezielte Fragen ermöglichten ihm herauszufinden, dass seine Gesprächspartnerin seit einigen Monaten die Geliebte ihres

Herrn gewesen war. Tan hatte ihr versprochen, sie mit in die Hauptstadt zu nehmen. Herbstrose ergriff die Gelegenheit, dass das Gespräch bereits in diese heikle Richtung ging, und bat den Richter, Herrn Kien wissen zu lassen, dass sie sich von seinen beharrlichen Nächstellungen belästigt fühle.

Di war erstaunt – nicht über das erbärmliche Benehmen seines Kollegen, das zu jeder Zeit dem eines Herzensbrechers entsprach, sondern über die Reaktion der jungen Frau. Kien Fang-te war, abgesehen von seinen Verführungskünsten, durchaus als Nachfolger Tans geeignet, in ihrer Gunst zu stehen.

Es war sogar denkbar, dass er der neue Bezirksrichter von Pien-fu wurde, was der jungen Frau ermöglicht hätte, im Personal der Gerichtsverwaltung aufzusteigen. Er spielte auf diesen Punkt an, woraufhin sie angesichts der Naivität des Richters lächelte. Obwohl er drei Ehefrauen habe, so lasse doch seine Kenntnis von der Welt der Frauen etwas zu wünschen übrig. Sie bedeutete ihm, dass der nachteilige Ruf eines Schürzenjägers, den Richter Kien genieße, auch zu ihr wie zu jedem anderen vorgedrungen sei.

„Ein Mädchen wie ich hat von solch einem Menschen nichts zu erwarten. Er würde mich genauso schnell verstoßen, wie er von mir hingerissen ist. Das ist nicht das, wonach ich suche. Herr Tan unterhält eine angemessene Anzahl von Liebschaften. Er ist sehr korrekt und versteht es, mich für unsere Freundschaft zu belohnen. Herr Kein dagegen ist, bei allem Respekt, nur ein Sammler, und ich möchte keine seiner Jagdtrophäen sein."

Di dachte, dass sich der Verstorbene tatsächlich in allem angemessen gezeigt hatte. Als Objekt für einen Ermittler stellte er sich jedoch eher als dürftig heraus. Nun galt es herauszufinden, ob das junge Mädchen nicht zufällig einen eifersüchtigen Freund hatte, der zur Ausübung von Gewalt imstande war, was den Fall für Richter Di vereinfacht hätte. Er stellte die Frage, um diesbezüglich beruhigt sein zu können: Es konnte ja nicht komplett ausgeschlossen werden.

Doch Herbstrose unterhielt, wie er vermutet hatte, derzeit kein anderes ernsthaftes Verhältnis, sie interessierte sich lediglich für ihren Herrn. Zwar hatte es so etwas wie einen scheuen Verehrer gegeben, einen Diener des Palastes, doch dieser junge Mann war mit den Damen in die Hauptstadt abgereist, um dort bei der Einrichtung des neuen Hausstandes zu helfen. Das bedeutete, dass dieser eventuelle neue Verdächtige derzeit mindestens tausend Kilometer vom Schauplatz entfernt war.

Di bat das Mädchen um einen Gefallen: Es handle sich darum, die Reinigungskräfte der Zimmer zu bitten, sorgfältig auf ein ganz besonderes Detail, nämlich den Zustand der Vorhänge, zu achten. Sie entgegnete, dass die Richter im Allgemeinen wenigstens einen eigenen Diener mitbrachten, der sich um die häuslichen Arbeiten zu kümmern hatte. Die Diener des Yamen waren dafür nicht zahlreich genug gewesen. Sie hatten daher während des Aufenthalts keinen Zugang zu den Privaträumen der Bezirksrichter.

Richter Di bedankte sich für die Mitwirkung und überließ das Mädchen wieder seinen Enten. Beim Weggehen dachte er mit einem gewissen Bedauern, dass er wohl der Einzige war, der Verhaltensregeln befolgte, die Liebschaften mit Hausangestellten ausschlossen. Vielleicht hatte er die Lehren Konfuzius' etwas zu wörtlich genommen? War das Leben unterhaltsamer, wenn man sich bisweilen genüssliche Ausschweifungen gestattete? Er erinnerte sich an seinen Hauptmann, der ihn erwartete und im Gebäudeflügel der Dienerschaft nichts zu tun hatte. Jetzt war der Moment gekommen, ihm etwas aufzutragen, womit er seinen Lohn rechtfertigen konnte.

Er musste nicht lange suchen, bis er Miao Dai fand. Der kräftige Bursche war gerade dabei, mit einem Wachposten eine spannende Partie Knöchelchen zu spielen, bei der es vor allem auf Geschicklichkeit ankam. Als er sich ihm näherte, stand der Untergebene auf, um sein zerknittertes Äußeres wieder in Ordnung zu bringen. Richter Di erfuhr, dass Miao Dai seine freien Tage dazu nutzte, die mehr oder weniger bekannten Badehäuser aufzusuchen, in denen Massagen die große Spezialität waren. Die Kunden vertrauten sich den erfahrenen Händen von Frauen an, deren Tarife genauso weit auseinandergingen wie die angebotenen Dienstleistungen. Mit einem Wort: Man konnte genauso gut in Schamlosigkeit baden wie in heißem Wasser. Di schloss daraus, dass sich die Aktivitäten der städtischen Badehäuser über alle nur denkbaren Bereiche erstreckten, vor allem auch über die Grenzen der Schicklichkeit hinwegsetzten. Ihr verstorbener Gastgeber hatte es versäumt, sie bei der Stadtbesichtigung auf diesen Aspekt hinzuweisen.

Die Stadt war also weniger sauber und rein als es schien; hinter der tugendhaften Fassade roch es verdächtig nach Scheinheiligkeit. Jetzt verstand er besser, weshalb derart viele wohlhabende und vor allem lüsterne männliche Kurgäste hierher strömten. Doch dies war nicht der Punkt, der ihn interessierte. Er fragte seinen Hauptmann vielmehr nach der Einstellung des Dienstpersonals.

„Sie haben den größten Respekt vor Ihren Exzellenzen, den hier anwesenden Richtern“, berichtete Miao Dai, als hätte er seinen eigenen Namen und aktuellen Dienstgrad als Soldat angegeben.

Di wurde langsam wütend. „Tun Sie mir den Gefallen und reden Sie ganz offen! Was denkt man wirklich? Welche Gerüchte kursieren in den Wirtschaftsräumen?“

Sozusagen zur Unverschämtheit ermächtigt, antworte Miao Dai in demselben Ton, den er angeschlagen hatte, um kurz zuvor noch ein Kompliment auszusprechen: „Sie empfinden für Sie das Gefühl absoluter Verachtung. Sie machen sich hinter Ihrem Rücken lustig und die Würde des Richteramts ist völlig zerstört aufgrund des Spektakels, das diese hervorragenden Persönlichkeiten bei den Sitzungen geboten haben. Herr Mei geizt mit seinen Trinkgeldern und Herr Kien wagt es, die Dienerinnen in den Hintern zu zwicken. Was Herrn Dao-Li angeht, so lässt er sich von seinen eigenen Leuten bedienen, was das Palastpersonal aufs Höchste verärgert.“

„Kurz gesagt, außer mir kommt niemand ungeschoren davon“, schloss Richter Di. Der Gesichtsausdruck des Hauptmanns ließ diesbezüglich keine weiteren Fragen offen. Di bat ihn dennoch, seine etwas schiefe Miene in Worte zu fassen.

„Entschuldigen Sie, verehrter Herr Richter, aber Sie haben den Ruf, überall herumzuschnüffeln und Fragen zu stellen, deren Indiskretion jedes Verständnis überschreitet. Und wenn man mir gegenüber noch nicht mehr gesagt hat, dann nur deshalb, weil ich in Ihrem Dienst stehe!“

„Das kommt davon, wenn man seinen Angestellten erlaubt, sich offen auszudrücken!“, dachte Richter Di. Doch diese Enthüllung von Beleidigungen reichte ihm noch nicht.

„Gibt es sonst noch irgendwelchen Klatsch, der mit den letzten Ereignissen zu tun hat? Irgendwelche Gerüchte, die meine Untersuchung weiterbringen könnten?“

Miao Dai erwies sich als weniger redegewandt, seit er nicht mehr über die Richter lästern konnte, was offenbar zu den Lieblingsbeschäftigungen des Haushalts gehörte.

Di beschloss, ihn mit einem Auftrag zu betrauen, der einerseits dem Zweck der Untersuchung diente und ihn andererseits von den Versuchungen ablenken sollte, denen er sich sonst in seiner Freizeit überließ. Da er sich offenbar häufig bei den Wachposten aufhielt, um diese bei Geschicklichkeitsspielchen um ihren Sold zu erleichtern, war er dort genau am richtigen Platz, um zu sehen, wer das Gerichtsgebäude betrat oder verließ. Sein Herr trug ihm daher auf, den erstbesten Richter, der das Gericht verließ, zu beschatten.

Dann begab sich Di sofort ins Gerichtsarchiv, in dem Shang am liebsten Zeit verbrachte. Es war niemand da, aber ein Tisch war mit offenen Archivkisten beladen. Er ließ seine Blicke über Shangs Papiere schweifen (denn es konnte sich nur um die seinigen handeln, man musste sich ja beinahe fragen, ob ihre übrigen Kollegen des Lesens mächtig waren), die dieser offenbar gerade durchsah. Di war in einen langweiligen Bericht vertieft, der einen alten Fall unerlaubter Geschäftsabsprache behandelte, als Shang ihm plötzlich eine Hand auf die Schulter legte.

Der Akademiker wirkte erschöpft. „Ich habe schlecht geschlafen“, erklärte er, „überdies geht mein Zimmer nach Osten hinaus, und so hat mich das Licht bei Sonnenaufgang geweckt.“

„Es ist schon verrückt, was man in Erfahrung bringen kann, wenn man diese Dossiers studiert“, sagte Richter Di, ohne darauf einzugehen.

Shang stimmte ihm begeistert zu; der Papierkram war sein Element. Di fragte sich, was ihn wohl veranlasst haben mochte, die Zentralverwaltung zugunsten der Trivialitäten der Grundstücksrechtsprechung aufzugeben.

„Vorsicht!“, warnte er ihn halb im Spaß: „Vielleicht enthalten diese alten Papiere ein Geheimnis, das für den Bezirksrichter dieser Stadt verhängnisvoll geworden ist. Hüten Sie sich davor, das gleiche Schicksal zu erleiden.“

„Es sind nicht die Papiere, die gefährlich sind“, antwortete Shang mit einem liebevollen Blick auf die abgegriffenen und vergilbten Pergamente, „es ist die Ungeschicklichkeit der Leute, die mit ihnen umgehen.“

In diesem Augenblick hatte Di den Eindruck, dass Shang etwas Interessantes erfahren haben musste. „Darf ich daraus schließen, dass Ihre Nachforschungen fruchtbar gewesen sind?“, fragte er. Shang, der große Lust hatte, die Entdeckung seines Geheimnisses einem Wesen aus Fleisch und Blut mitzuteilen, murmelte gedämpft:

„Einer von uns hätte niemals Richter werden dürfen. Er hatte keine Chance, das kaiserliche Examen zu bestehen.“

„Was wollen Sie damit sagen? Das Examen ist für alle offen. Jeder hat die Freiheit, daran teilzunehmen. Es genügt, über die Mittel zu verfügen, ein Studium von mehreren Jahren zu absolvieren und zu den vorgeschriebenen Ausscheidungen der Präfektur zugelassen zu werden.“

„Sie haben die Söhne von Geschäftsleuten vergessen, Di. Sie wissen bestimmt, dass die Angehörigen dieses verachteten Standes nicht zu öffentlichen Ämtern zugelassen werden. Gewissermaßen durch das Abgleichen meiner Informationen habe ich erfahren, dass es einem Richter aus unserer Gegend gelungen ist, seine eigentliche Herkunft zu verbergen. Ein offenkundiger Betrug!“

Man musste Shang nicht sonderlich bedrängen, bis er gestand, dass der betrügerische Richter einer der Anwesenden war, jedoch ohne dessen Namen zu nennen. Di überlegte: Der Sohn des Grafen von Pu konnte nicht verdächtigt werden, einem Geschlecht von Krämern zu entstammen. Es konnte sich also nur um Lo, Mei oder Kien handeln. Der Präfekt war wohl selbst eifrig darum bemüht gewesen, hinsichtlich der Familie seines künftigen Schwiegersohnes Erkundigungen einzuholen, bevor er seiner Tochter sein Einverständnis erteilte, folglich konnte auch Kien ausgeschlossen werden. Den Vater Los kannte Di übrigens persönlich, er war – wie auch sein eigener Erzeuger – Beamter in der Hauptstadt.

„Dann verdächtigen Sie damit also unseren Freund Mei?", beendete er seine Überlegungen.

Shang schien überrascht zu sein. „Ich sehe, dass man Ihre Fähigkeiten, messerscharfe Schlüsse zu ziehen, nicht überschätzt, Di! Sie beeindrucken mich!"

Er gab zu, tatsächlich an Mei Haodi gedacht zu haben, „weil seine geizige Krämerseele dies übrigens vermuten ließ" – eine zarte Anspielung auf die verschiedenen Beispiele von Knauserei und andere unschöne Verhaltensweisen des Richters. Shang erklärte, er sei überzeugt, dass der verstorbene Tan ebenfalls dieses Geheimnis entdeckt habe. Mei habe das gewusst und befürchtet, dass die Wahrheit der Hierarchie zu Ohren kommen könne. Er wäre sofort abgesetzt und wegen Amtsanmaßung angeklagt worden.

Er stand zwar kurz vor dem Eintritt in den Ruhestand, aber seine Ehre wäre unwiderruflich beschmutzt gewesen und seine Bemühungen um gesellschaftlichen Aufstieg zunichte gemacht.

Dies war nichts weniger als eine versteckte Mordanklage; doch Shang ließ sich auch nicht lange bitten, um das Ganze ebenfalls explizit auszudrücken: „Ist dies nicht ein ausreichendes Motiv, seinen Nächsten umzubringen? Was meinen Sie, Di, der Sie doch ein echtes As der gezielten Schlussfolgerungen sind?"

Das As der Schlussfolgerungen dachte, dass dieser Shang, der sich den Anschein eines friedliebenden Akademikers gab, mit einer Schlange der giftigsten Art zu vergleichen war. Wie dem auch sei, Di musste sich eingestehen, dass Mei von jetzt an die ideale Figur eines Verdächtigen abgab, denn er war unter ihnen der Einzige, der einen vernünftigen Grund für das Verbrechen gehabt hatte.

Deshalb beschloss er, ihn künftig diskret zu beschatten. Beim Vorüberkommen an einem Wachposten stellte er zufrieden fest, dass Miao Dai nicht mit seinen Knöchelchen spielte. Wahrscheinlich hatte er die Residenz verlassen, um einem der Richter zu folgen.

Als er auf der Suche nach seinem Kollegen um eine Straßenecke bog, stieß er beinahe mit ihm zusammen: Mei hatte ohne Vorwarnung eine Kehrtwendung gemacht.

„Mei!", rief Di etwas verlegen, „diese Stadt ist doch wirklich klein!" Der alte Mann warf ihm einen argwöhnischen Blick zu. Um sicherer zu wirken, lenkte Di das Gespräch auf das Thema, das sie beide interessierte. Der alte Richter brauchte nicht lange, um seinen augenblicklichen Verdächtigen zu benennen. Lo war seiner Meinung nach völlig verschuldet. Er selbst sei imstande, die genaue Höhe der Schulden herauszufinden, da er über Informanten bei allen Bankiers und Geldverleihern der Provinz verfüge. Lo könne nur noch darauf hoffen, sich aus der Affäre zu ziehen, indem er einen Posten in einer reichen Stadt erhielt, in der die potenziellen Einkünfte üppiger wären.

„Er ist ein Mensch, der vom Geld magisch angezogen wird", sagte Mei. „Es ist die Verlockung des Geldes, die ihn antreibt."

Der Richter sagte sich, dass man immer genau jene Obsessionen anderen anhing, die einen selbst am meisten umtrieben. Nach Meis Informationen hatte Lo bereits bei seinen Bankiers die Berufung auf den Posten in Pien-fu angekündigt. Seine Freunde, die Dichter am Hofe, hätten ihm versprochen, dass er ernannt würde. Aber nichts war unsicherer als das. Und Mei wusste aus sicherer Quelle, dass auch Tan einen Kandidaten gehabt hatte, den er persönlich bei seiner Ankunft in der Hauptstadt empfehlen wollte.

Di wunderte sich, dass Mei derart gut informiert war. Ob er Empfänger unter seiner Kappe besaß? „Ich habe ganz einfach zwei scharfe Ohren und ein ziemlich feines Gehör, ungeachtet meines Alters", antwortete der alte Richter und lächelte dabei wie eine Hyäne. Sein „feines Gehör" habe ein interessantes Gespräch im Gericht mit angehört: In der Biegung eines Ganges – wobei man sich ebenso gut vorstellen konnte, dass er seine geübten Ohren an die Tür ihres Gastgebers gepresst hatte – habe er gehört, wie Tan einem seiner Kollegen den Posten in Aussicht stellte. Mei habe sich bemüht zu erkennen, um wen es sich dabei handelte, doch leider nur den Rücken des Kollegen gesehen. Es sei aber entweder DaoLi oder Shang gewesen, deren Statur sehr ähnlich war. „Sicher ist“, folgerte er, „dass Lo einen guten Grund für das Verschwinden dieses Intriganten Tans hatte.“

„In diesem Fall Sie aber auch“, versetzte Richter Di gleichmütig.

Mei Haodi gab sich den Anschein von Demut, was ihn noch verschlagener erscheinen ließ als gewöhnlich. „Ach“, seufzte er. „Meine Beziehungen reichen nicht bis in die Kreise bei Hofe, wo sich sogenannte Ästheten an den üblen Versen unseres Freundes Lo berauschen. Um ihnen zu schmeicheln hat er sich ruiniert, mit seinen Einladungen zu literarischen Zusammenkünften, die in Wirklichkeit nur falschen Dichtern und echten Alkoholikern einen Vorwand liefern, um zu fressen und zu saufen. Ich dagegen bin nichts weiter als ein kleiner Bezirksrichter der Provinz. Wozu sollte ich anderes behaupten?“

Indem er sich an Shangs Attacken auf Meis Herkunft erinnerte, empfand Richter Di, dass dieser tatsächlich etwas von dem schelmischen Spott eines Teppichhändlers hatte. Er überließ den alten hilflosen Mann seinem Gejammer und kehrte zum Yamen zurück. Dort traf er auf DaoLi Song und Kien Fang-te, die in ein brüderliches Gespräch vertieft waren.

Als Ersterer gegangen war, hob Kien die Arme zum Himmel: „Dieser Mensch nervt mich. Jedes Mal, wenn man mit ihm über die literarische Bildung sprechen will, macht unser eleganter Freund irgendeine scherzhafte Bemerkung, um das Thema zu wechseln. Kurzum, Di! Was antworten Sie mir, wenn ich Ihnen sage: ‚Ich habe noch nie einen Menschen getroffen, der imstande gewesen

wäre, in seinem eigenen Prozess zu ermitteln‘?“

„Konfuzius, 5. Kapitel, 27. Absatz der offiziellen

Ausgabe.“

„Einverstanden. Obwohl ich nicht mal der Gebildetste meines Jahrgangs bin.“ Dann stellte er fest, dass Dao-Li, der sich so gern aufspielte, inzwischen etwas weniger kultiviert sei als früher. Er scheine von seiner literarischen Bildung praktisch alles vergessen zu haben.

Di hatte eine andere Erklärung: „Trotzdem hat er die Prüfung nach langen Studienjahren bestanden, wie Sie und ich. Meiner Meinung nach zeugt sein Verhalten vielmehr von

Geringschätzung gegenüber dem Wissen selbst, denn dieses Wissen ist kein Vorrecht seines gesellschaftlichen Standes. Seine Gelehrsamkeit zu verbergen ist in seinem Fall eine Art Überheblichkeit, eine Wesensart."

„Nun ja, aber ich glaube vor allem, dass er während des Unterrichts meist geschlafen und sein Diplom nur aufgrund von Beziehungen erhalten hat."

Diese Behauptung war über alle Maßen schockierend. Di erklärte sich diese Äußerungen nur durch einen übersteigerten Neid angesichts der unterschiedlichen Vermögenslage. Es war doch allgemein bekannt, so führte er aus, dass man in einer Abschlussprüfung, die noch dazu im kaiserlichen Palast stattfand, nicht betrügen konnte. Die Arbeiten wurden insgesamt dreimal korrigiert. Dieses gerechte Auswahlverfahren stellte die Basis der chinesischen Verwaltung dar; sie ermöglichte überhaupt erst, dass das System seit Jahrhunderten wirksam funktionierte. Die Kandidaten wurden gezwungen, ganze Stücke der traditionellen Literatur auswendig zu lernen, und ihr Gedächtnis bildete das Hauptkriterium für die abschließende Beurteilung. Sie kamen aus nahezu allen Schichten der Bevölkerung, entstammten aber häufig aus naheliegenden Gründen Beamtenfamilien. Ihre Integrität wurde im Laufe ihrer Karriere sorgfältig überwacht.

Kien brach in Gelächter aus.

„Sie sind mit Ihren Ermittlungen wahrscheinlich sehr erfolgreich, aber in dieser Hinsicht eher ein Kind. Integer und kompetent! Ja, gewiss! Und warum nicht auch demütig und mitfühlend, so wie Sie und ich! Sie haben Humor! Ich wünsche Ihnen einen guten Tag, Di!"

Und damit ließ er Di stehen, der ziemlich betreten war, dass man ihn für einen solchen Luftikus hielt. Der Richter war noch in seine Gedanken versunken, als ein Scherge erschien, um ihm mitzuteilen, dass ein dicker Geschäftsmann um eine Audienz beim zuständigen Bezirksrichter gebeten habe.

Di ließ antworten, dass Herr Tan verhindert sei und er deshalb an einem anderen Tag wiederkommen möge. Der Scherge reagierte verärgert: Es handle sich um einen höchst vornehmen Bürger, der schon beim Präfekten abgewiesen worden sei, weil jener auch nicht anwesend war. Deshalb beharre er auf seinem Anliegen.

Di warf einen flüchtigen Blick auf den guten Mann, der vor dem Wachposten wartete. Er war in eine prächtige Robe aus grünem Brokat gekleidet und seine Träger warteten in der Nähe des Tores neben einer reich verzierten Sänfte. Was konnte so wichtig sein, dass er sich die Mühe machte, in sämtlichen Vorzimmern der lokalen Beamten zu warten? Di überquerte den Hof und stellte sich dem Besucher vor, der sich vor ihm verneigte.

„Seine Exzellenz, Richter Tan, ist unglücklicherweise nicht zu sprechen. Wenn Sie wünschen, kann ich Ihr Gesuch als Bevollmächtigter annehmen."

Der Mann freute sich, wenigstens einen hohen Beamten in seiner schönen Stadt bei der Arbeit anzutreffen. Richter Di führte ihn in einen kleinen, ans Gericht angrenzenden Saal, in dem sie sich vor einer Schale Tee niederließen. Der Bittsteller vertrat eine Gruppe erfolgreicher Kurbadbetreiber, was Pien-fus Hauptgeschäftsbereich darstellte.

Nach den üblichen Höflichkeitsfloskeln – wobei Richter Di ihm ein Kompliment bezüglich des herausragend florierenden Geschäfts gemacht und dieser geäußert hatte, dass er sich ihn als Nachfolger Herrn Tans wünsche – kam er auf den heiklen Anlass seines Besuches zu sprechen.

Di hatte irgendeine berufsständische Forderung oder einen Streit beruflicher Art vermutet. Er fiel daher aus allen Wolken, als der dicke Geschäftsmann in aufgebrachter Weise „die unwürdige Haltung eines gewissen Herrn Kien" ansprach, der sich gegenwärtig „in unserer blühenden Stadt" fröhliche Tage mache. Er habe von zahlreichen Eskapaden Kien Fang-tes gehört, den man im Verdacht habe, die Damen der guten Gesellschaft zu verführen.

„Na", dachte Richter Di, „noch vor wenigen Augenblicken hätte dieser Herr genau diesem Herrn Kien seine Klage vorbringen können, wenn der den Hof nicht unmittelbar vor mir verlassen hätte!" Der Badebetreiber setzte seine harsche Kritik fort, indem er sich noch steigerte: „Skandalös ist", sagte er, „dass der

Verführungsdrang dieses verkommenen Individuums nicht einmal vor dem Ansehen der besseren Stände halt macht, er stürze sich sogar auf verbotenes Edelwild. Man versicherte mir, dass er in seinem eigenen Distrikt nicht einmal gezögert hat, den Damen der besten Gesellschaft den Hof zu machen."

Von Seiten des Betreibers eines zweifelhaften Massageunternehmens mutete die Anschuldigung von Sittenlosigkeit eher lächerlich an. Im Übrigen rief ein Satzanfang wie „man versicherte mir" bei Di instinktiv Argwohn hervor.

Es folgte eine ganze Flut der erstaunlichsten Klatschund Tratschgeschichten – und sicherlich lag diesem Durcheinander der ständig wiedergekäuten, entstellten und mit der uferlosen Fantasie ihrer Verbreiter angereicherten Gerüchte ein Körnchen Wahrheit zugrunde.

Di erkundigte sich höflich nach der Herkunft

dieser „interessanten Informationen". Der Kurbadbetreiber antwortete, dass sie zunächst einmal allgemein bekannt seien, dann gestand er jedoch, dass einer ranghohen Person sehr daran gelegen sei, die Bewohner von Pien-fu vor der eventuellen Ernennung dieses perversen Wüterichs zum Bezirksrichter ihrer schönen Stadt zu bewahren.

Der Richter verstand die Nachricht: Es handelte sich also um einen seiner lieben Kollegen, dessen Korpsgeist gerade gegenüber der Bedeutung des perfiden Spiels, das sie zerrieb, den Kürzeren zog. Wer von ihnen hatte sich zu einer solchen Haltung erniedrigt? Natürlich hatte er bereits eine Ahnung. „Wenn man sie einfach gewähren lässt, dann wird es bald keinen Chinesen mehr in China geben, der unser Amt respektiert", dachte er traurig.

Er versicherte dem Vorsteher der Bäderbetriebe, dass seinen Beschwerden nachgegangen werde. Dann geleitete er ihn sanft, aber nachdrücklich zum Ausgang. Gern hätte er nun selbst ein Bad genommen, um die Flut schmutziger Machenschaften, die seit seiner Ankunft über ihm ausgeleert worden war, von sich abzuwaschen.

IX

Die Ermittler wetteifern mit indiskreten Details;
Richter Di denkt darüber nach, sein Amt niederzulegen.

Die Richter versammelten sich zu einem gemeinsamen Essen im Bankettsaal. Ihr breites Lächeln erzeugte bei Richter Di ein unbestimmtes Gefühl des Unbehagens. Schweigend begann man mit der Mahlzeit, was der Würde eines buddhistischen Klosters entsprochen hätte, wenn nicht gleichzeitig alle wie zufriedene Verschwörer gewirkt hätten. Das alles verhieß nichts Gutes. Selbst am Tag der Aushändigung ihrer Diplome hatten sie nicht viel fröhlicher erscheinen können, und nun kam dazu noch dieser Hauch von Falschheit. Ihr Schweigen glich einer zurückgehaltenen Flutwelle.

Und dann brach der Damm.

„Ich habe eine Entdeckung gemacht“, kündigte Mei Haodi geheimnisvoll an. Man hätte glauben können, er habe herausgefunden, weshalb die Sterne am Himmel standen.

„Ich auch“, riefen die Kollegen alle wie aus einem Mund.

Meis Gesichtsausdruck verfinsterte sich und schon zweifelte er am Wert seiner Informationen. Konnte es sein, dass sie alle denselben Schatz gehoben hatten? Er teilte ihnen mit, dass der ehrenwerte Tan sich angeschickt hatte, seine Stadt zu verlassen, ohne zuvor massenhaft bei den Lieferanten des Palastes angehäufte Schulden zu begleichen, vor allem bei Spirituosenhändlern.

„Na und?“, fragte Lo, der zahlreiche unbeglichene Rechnungen bei allen möglichen Tavernen seines Bezirks hatte. „Das macht ihn doch noch nicht zum Verbrecher, denke ich?“

Mei warf ihm einen Blick zu, der bezüglich seiner Meinung über den Dichter zu diesem Thema Bände sprach. „Ein Mann, der nicht auf seine Schulden achtet, hat finanzielle Probleme“, erklärte er. „Er neigt dazu, sich zu kompromittieren. Gläubiger zu bemühen. Sich Geld zu leihen. Das ist der Anfang eines fatalen Teufelskreises: Ruin, Verderben, Schande!"

Mei Haodi hatte sich in Rage geredet. Dieses Thema hatte einen Wesenszug seines Charakters berührt: eine geradezu verrückte Angst um sein Geld. Beredtes Schweigen war die Folge dieser Auseinandersetzung. Die Richter fragten sich, ob sie aufgrund dieser Neuigkeit mehr über Tans Sitten oder über Meis Denkweise erfahren hatten.

Lo ergriff erneut das Wort: „Wenn Tan offene Rechnungen hatte, bedeutet das, dass er beim Spiel verloren hat. Ich weiß übrigens aus sicherer Quelle, dass er die Gewohnheit hatte, in den Spelunken, die er aufgesucht hat, unter falschem Namen aufzutreten. Das war allerdings umsonst; in einer kleinen Stadt erfährt man alles."

Dao-Li lachte frei heraus: „Sicher haben Sie das zufällig entdeckt, als Sie an den Wasserfällen spazieren gingen? Ich kann nicht glauben, dass Sie selbst einen derartigen Ort aufgesucht haben, nicht wahr, lieber Dichter und Freund?"

Lo, der die ärgerliche Angewohnheit hatte, jedes Mal Richter Di in seine Angelegenheiten einzubeziehen, wenn er sich rechtfertigen musste, entgegnete, dass er die Methode seines Kollegen aus Peng-lai angewandt habe. Sie bestünde darin, dass der Zweck die Mittel heilige.

Di hüstelte. „Ja", sagte er dann. „So ist es. Das ist interessant, Lo. Sonst noch etwas?"

Natürlich gab es mehr. Es setzte dem Ganzen sozusagen noch die Krone auf, bildete das letzte Stück eines widerlichen Puzzles, den Gipfel der Verkommenheit. Dao-Li war es, der diese geschmacklose Geschichte seinen Zuhörern kundtat. Demnach hatte Tan in der Stadt eine Geliebte gehabt, die Frau eines Ladenbesitzers, der mit Seidenartikeln für Damen handelte. Der Verstorbene hatte die Angewohnheit gehabt, sich selbst mit den Einkäufen für seine Gattinnen zu befassen, was ihm einen Vorwand lieferte, sich mit der Frau des Geschäftsmannes zu treffen. Man hatte ihn gesehen, wie er seine Einkäufe an den Tagen besorgte, an denen ihr Ehemann nicht zu Hause war. Dies sollte, wenn man ihm glaubte, den Spott des ganzen Viertels hervorgerufen haben.

Der Richter vermutete, dass Dao-Li gute Chancen haben dürfte, dieses Auswahlverfahren zu gewinnen. Aber es war Kien, der mit seinem Bericht die bisherige Schmach noch übertraf. Er hatte nämlich erfahren, dass Tan ein aus einem Ehebruch hervorgegangenes Kind bei den Mönchen des Tempels der vereinigten Harmonie und inneren Ruhe untergebracht hatte. Dank dieser Vereinbarung war die taoistische Gemeinschaft jäh mit dem sehr einträglichen Geschäft betraut worden, sich um verstorbene Reisende zu kümmern, ohne dass es irgendeine Art Ausschreibung für dieses Amt gegeben hätte.

Kien hatte dies von einer Gerichtsdienerin erfahren, die sich manchmal um das Kind kümmerte. Den Tempel hatte er nicht selbst aufgesucht, das war nicht der richtige Ort für ihn: Da gab es nicht genügend Frauen, außerdem wurde dort ein viel zu moralischer Druck ausgeübt. „Ich sollte niemals irgendwo in der Nähe meiner Kollegen sterben“, notierte sich Richter Di. „Sie würden aus einem heiligen Eremiten im Nu einen verrückten Mörder machen.“ Er war aufgrund der Masse an verleumderischen Hinweisen erschöpft, die diese erstaunlichen Schnüffler in so kurzer Zeit zusammengetragen hatten. Kein noch so guter Ruf war vor ihren böswilligen Nachstellungen sicher. Dienten all diese Enthüllungen wirklich den Ermittlungen?

Natürlich war es angebracht, diese Behauptungen auf ihren Wahrheitsgehalt zu überprüfen, aber wie sollte man dabei vorgehen? Das konnte wochenlange Arbeit bedeuten!

„Und Sie, ehrenwerter Herr Kollege?“, fragte der alte Mei mit seiner unheilverkündenden Sanftheit. „Haben Sie uns gar nichts mitzuteilen?“

Um nicht aus der Reihe zu tanzen, machte Di zwei oder drei Anspielungen: dass der Verstorbene zum Beispiel mit seiner jungen Dienerin ein Verhältnis gehabt habe, denn dies war ja ihr offensichtlicher Themenbereich. Sie nickten daher auch mit Kennermiene.

Das war Richter Di dann doch zu viel. Er vergaß, dass man Gleichgestellten gegenüber niemals direkte Vorwürfe machte, und erlaubte es sich, sie wegen der Art und Weise zurechtzuweisen, mit der sie einander beschuldigten. Um seinen Ausbruch zu rechtfertigen, beglückwünschte er sich dann noch, der Einzige zu sein, über den nicht geklatscht werde. Damit hatte er aber einen schwerwiegenden psychologischen Fehler begangen.

„Für wen halten Sie sich eigentlich, Di?", entrüstete sich Kien Fang-te.

Zu spät stellte Di fest, dass die Kollegen auch über ihn so viel zu sagen hatten wie sie sich zuvor erlaubt hatten, über einander zu verlautbaren. So musste er sich ins Gesicht sagen lassen, über welche falschen Hinweise und verworrenen Gerüchte sie bezüglich seiner Person verfügten: Entsetzt erfuhr er, dass man behauptete, er habe sich eine Geschlechtskrankheit zugezogen, als er Prostituierte befragt hatte, und sei deshalb auch nicht mehr ausreichend guter Gesundheit, um sein öffentliches Amt auszuüben. Dass außerdem eine solche moralische Haltung die Bürger dieses liebenswerten kleinen Fleckens Erde schon im Vorhinein verstimmte, da sie wenig Lust verspürten, als Bezirksrichter einen Mann vorgesetzt zu bekommen, der dafür bekannt war, an den heitersten Orten die schmutzigsten Verbrechen aufzudecken.

Zu guter Letzt vermutete man, dass auch er einen Grund gehabt hatte, diesen Mord zu begehen. Beinahe wäre er in diesem Moment erstickt und spuckte gerade noch eine Litschi aus, die ihm beinahe zum Verhängnis geworden wäre.

„Sie sehen, dass Sie auch nicht mehr wert sind als wir", spottete Shang Uchang.

Di stand wortlos auf und begab sich vor den Augen seiner Kollegen, deren Schweigen zu bedeuten schien: „Wer nichts sagt, stimmt zu", in seine Gemächer. Nach etwa einer halben Stunde stiller Vorwürfe dachte er ernsthaft daran, von seinem Amt zurückzutreten und wieder nach Chang-an zurückzukehren. Da erschien Miao Dai, um ihm von seinen Nachforschungen zu berichten. Di nahm einen verdächtigen Geruch wahr.

„Du riechst nach Alkohol. Hast du getrunken?"

„Nur im Rahmen meines Auftrags", antwortete der Hauptmann mit erstaunlicher Unverfrorenheit. Er habe zunächst die diensthabenden Wachen befragt; offensichtlich hatte niemand von außerhalb in der Nacht des angeblichen Mordes und auch nicht während des ganzen darauffolgenden Tages das Gericht aufgesucht.

Dann habe er plötzlich Dao-Li gesehen, der sich anschickte, mit seiner luxuriösen Sänfte, die von acht Trägern – statt von zwölf wie am Tag seiner Ankunft – getragen wurde, das Gebäude zu verlassen.

Aus dieser Verringerung des Dienstpersonals war zu schließen, dass er wohl keine sehr lange Strecke zurücklegen wollte. Miao Dai beschattete ihn daher zu Fuß, wobei er eigentlich lief. Der Sohn des Grafen von Pu hatte sich in die schönsten Wohnviertel der Stadt begeben, um dort verschiedene bedeutende Leute aufzusuchen, unter anderem den Gildenvorsteher der Besitzer der Badebetriebe … Dies bestätigte Dis Vermutungen bezüglich des unerwarteten Besuchs jenes Herrn. Demnach war es Dao-Li gewesen, der hier schmutzige Wäsche wusch, um die Chancen des Präfekten-Schwiegersohnes zu untergraben.

Kien Fang-te war ihm aufgrund der verwandtschaftlichen Beziehungen als aussichtsreichster und damit gefährlichster Kandidat erscheinen, den es zu bekämpfen galt. Der ehrenwerte DaoLi war selbst das Produkt einer gewissen Gesellschaftsschicht; er hatte es also auf jenen unter ihnen abgesehen, der ihm am ehesten aufgrund eben dieser Standeskriterien in die Quere kam. Der ehrenwerte Dao-Li konnte sich jedoch nicht so weit herablassen, seinen Kollegen in aller Öffentlichkeit zu verunglimpfen.

Also hatte er Vorbereitungen getroffen, dass die Honoratioren von Pien-fu dies an seiner Stelle erledigten. Bei dieser Gelegenheit konnte man deutlich seine ausgezeichneten Manieren bewundern.

Wieder zurück im Yamen, immer noch hinter der Sänfte herrennend, hatte Miao Dai auch Lo gesehen, der ebenfalls das Gebäude verließ. Von da an war das Beschatten sehr viel einfacher gewesen: Der Dichter begnügte sich damit, verschiedene Tavernen aufzusuchen. Di stellte fest, dass sein Hauptmann, der durchaus aufgrund seiner Statur prädestiniert dafür war, Wein gut zu vertragen, etwas beschwipst war.

Er stellte sich vor, in welchem Zustand sein Kollege sein musste, dem allerdings während des Essens nichts anzumerken gewesen war. Er musste das Stadium der poetischen Erweckung längst überschritten haben. Nun hatte Di einen neuen Auftrag für seine rechte Hand. Er befahl ihm, im Gang aufzupassen, während er selbst die Zimmer durchsuchen wollte. „Du brauchst nur zu pfeifen, um mich zu verständigen, wenn sich jemand nähert."

Die Vorhänge, die man für Tan verwendet hatte, mussten ja irgendwoher stammen. Di klopfte zunächst an die Zimmertür von Dao-Lis. Da niemand antwortete, trat er behutsam ein. Alle Vorhänge waren noch immer am Fenster befestigt. Er schloss die Tür wieder hinter sich und trat nun in Kiens Zimmer, danach in das von Lo, wobei er jedes Mal bemüht war, alle Dinge an ihrem Platz zu belassen. Auch hier befanden sich die Vorhänge am entsprechenden Platz.

Plötzlich vernahm er eine gepfiffene Melodie, die er kannte. Was war das noch? Nachdem er kurz überlegt hatte, erinnerte er sich an die Liedzeilen. Sie handelten von einem besonders gewagten Stück, das die Betrunkenen manchmal aus vollem Halse vor verruchten Spelunken anstimmten. Er wurde aus seinen Gedanken gerissen: Miao Dai war dabei, ihm das Signal zu geben! Di verließ eilig Los Zimmer, wobei er laut sagte:

„Bis bald, lieber Nach-mir-geborener-Bruder!"

Am anderen Ende des Ganges tauchte DaoLi auf, der verkniffen dreinschaute, als er den Hauptmann lässig an der Wand lehnend oberhalb der Treppe entdeckte. Der Sohn des Grafen war offensichtlich schockiert, dass es jemand wagte, ein schlüpfriges Lied in seiner erhabenen Gegenwart zu pfeifen.

„Schließen Sie sich uns zu einer Sitzung an, um einen Schlusspunkt unter unseren Fall zu setzen?", fragte Di, neugierig zu erfahren, ob der Störenfried länger auf der Etage mit den Zimmern zu verweilen gedachte.

Dieser antwortete, dass ihn seine Pflichten in die Stadt riefen. Er brauchte nicht lange, bis er erneut aufbrach. Di rannte in die beiden letzten Appartements, die von Shang und Mei. Miao Dai trug er auf, erneut zu pfeifen, wenn jemand erschien – diesmal aber etwas Anständigeres.

„Am besten wäre es, irgendeinen Vogel nachzuahmen, denke ich."

Nach seiner letzten Kontrolle kam Di zu dem Schluss, dass kein Vorhang an den Fenstern fehlte

– eine Feststellung, die gleichermaßen erstaunlich und enttäuschend war. Im selben Augenblick wurde er von dem Schrei einer Eule überrascht, was ihm mitten am Tage wirklich sonderbar erschien.

„Er ist wirklich ein Schlaukopf", sagte er sich und schüttelte ungläubig den Kopf. „Man wird ihn zu seiner Geistesgegenwart noch beglückwünschen müssen. Eine Eule bei Tag, das ist wirklich diskret."

Eilig ging er hinaus, wobei er einem Diener begegnete, der Wäsche trug und erstaunt den Hauptmann ansah, der sorgfältig den Ruf eines Waldkäuzchens nachahmte. Da er derart hinter den Vorhängen her war, fühlte sich Di wie ein Tuchhändler. Das brachte ihn auf den Gedanken, Tans angebliche Geliebte zu befragen. Ob sich das Leben des Verstorbenen doch noch als komplizierter und interessanter herausstellen würde als angenommen?

Das war betrüblich im Hinblick auf die gute Meinung, die er gern von der Allgemeinheit der Richter behalten hätte; aber der Ermittler in ihm konnte es sich nicht verwehren, mit einer gewissen Freude der Aussicht entgegenzugehen, endlich einen entscheidenden Hinweis zu entdecken.

X

Richter Di befragt einen sehr entgegenkommenden Sekretär; die Sache mit den Vorhängen bringt ihn auf die Palme.

Di nahm sich vor, den Sekretär Tans ernsthaft zu befragen, und zwar in Form einer informellen kleinen Unterhaltung sozusagen auf Augenhöhe, um ihm zu schmeicheln. Er hoffte, all das zu erfahren, was dieser enge Mitarbeiter über seinen verstorbenen Herrn wusste, in dessen Dienst er seit drei Jahren stand. Die Untergebenen konnten immer eine beachtliche Fülle an Informationen beisteuern, vorausgesetzt, man hielt sich an die Tatsachen und beseitigte all jenes Geschwätz, das sie aufgrund von Eifersucht oder Frustration erzählten.

Verblüfft über die unerschöpflichen Tiefen seiner Intelligenz, beeilte er sich, den Sekretär aus seinem Büro zu holen, um mit ihm in einem Gartenhäuschen eine ungezwungene Tasse Tee einzunehmen.

Dieser kleine diskrete Mensch, der wie eine Maus umherhuschte, stellte sich schon bald als veritables lebendes Archiv heraus, als eine Rechenmaschine, die Informationen aller Art gespeichert hatte. Er fühlte sich gewiss geschmeichelt, von einem Bezirksrichter eingeladen worden zu sein, doch eine gewisse Überraschung stand ihm ins Gesicht geschrieben. Richter Di brauchte nicht mehr als ein paar Minuten, um auf den entscheidenden Punkt zu kommen. Der Sekretär hatte die Liebenswürdigkeit, ihn ausführlich und genau über einen Bericht zu informieren, den der Präfekt bezüglich der Kandidaten, die für die Neubesetzung des Amtes infrage kamen, angeordnet hatte.

Di war sich durchaus darüber im Klaren, dass es über jeden Beamten ein genaues Dossier in der Hauptstadt gab. Darin wurden alle positiven und negativen Aspekte dessen Verwaltungstätigkeit festgehalten, auch im Hinblick auf eventuelle

Beförderungen verlief nichts automatisch. Und nun hatte der Präfekt, ihrer aller oberster Vorgesetzter, Zusammenfassungen dieser Dossiers schreiben lassen, die auf dem Schreibtisch des Richters Tan gelandet waren.

Der Name des Favoriten fiel nun sofort. Es war Shang Uchang. Er verdiente es am meisten von ihnen, jedoch nicht aufgrund seiner Fähigkeiten als Richter – er stellte den Idealtyp eines Beamten dar, über den es im Grunde nichts Außergewöhnliches zu sagen gab –, sondern weil die Oberen des Ministeriums seine Eigenschaften als Gelehrter sehr schätzten.

Mit einem Wort: Sein sensationelles Gedächtnis, das in der Lage war, das komplette Werk des Konfuzius wiederzugeben, ohne dabei ein einziges Komma zu vergessen, machte seinen Wert aus. Shang war als Bester aus der Prüfung hervorgegangen, die vom Kaiserlichen Palast, ohne einen festen Zeitpunkt festgelegt zu haben, durchgeführt worden war, um jene Männer mit den größten Verdiensten anzustellen.

Jener besondere Jahrgang war umso höher angesehen, da das Thema der Prüfung vom Kaiser selbst vorgegeben worden war. Dies hatte ein Jahr nach der Einstellung Dao-Lis und Tans stattgefunden. Dabei war Shang unter ihnen zwar der Dienstjüngste, konnte jedoch die beste Abschlussnote vorweisen. Logischerweise hätte er nun ausgewählt werden müssen, wenn man die geltende Regel korrekt angewandt hätte, nach der die Bestqualifiziertesten auch am besten behandelt werden mussten.

Diese Regel war allerdings nicht in Stein gemeißelt. Tan Jinxuan beispielsweise, der nicht zu den Jahrgangsbesten gehört hatte, war trotzdem bei seiner Ernennung in Pien-fu gegenüber vielen anderen bevorzugt worden, die weitaus besser abgeschnitten hatten als er.

Di dachte, dass damit das Motiv Missgunst vorliegen könnte. Aber war das wirklich Anlass genug, einen Mord zu begehen? Er hatte allerhand Mühe, sich das vorzustellen. Hätte der Präfekt der Gelehrsamkeit Shangs Gerechtigkeit widerfahren lassen wollen, hätte er ihn ohne zu zögern für den Posten empfohlen – ohne nach weiteren Kandidaten Ausschau zu halten. Und er hätte es bereits vor drei Jahren machen müssen, als Tan ernannt worden war. Was war also damals geschehen?

Der Sekretär senkte die Stimme und neigte sich zur Seite, um sich seinem Gesprächspartner zu nähern. „Man raunte sich in der Provinz zu, dass Tans Ernennung möglicherweise aufgrund einer Empfehlung allerhöchster Kreise aus der hauptstädtischen Verwaltung erfolgt sei."

Diese Sachlage öffnete die Tür für weiteres Rätselraten. War er womöglich der heimliche Sohn eines Ministers, eines hohen Würdenträgers oder eines Höflings? Sicher war Tan sehr talentiert, wenn es um gesellschaftliche Beziehungen ging, auch seine kürzlich erfolgte Berufung an den Hof schien ihm zugefallen zu sein, ohne dass er sich dafür beworben hatte. Er hatte innerhalb des letzten halben Jahres weder besonders zahlreiche Briefe in die Hauptstadt gesandt noch sich mit einem amtierenden Minister oder einem einflussreichen General getroffen.

Das ließ glauben, dass wohlwollende Götter persönlich über den Verlauf seiner Karriere wachten. Anders als mit der Gunst des Kaisers war dies nicht zu erklären. Alle drei Jahre erklomm Tan eine weitere Stufe auf der Leiter zur Glückseligkeit der Gerechten.

Di fragte den Sekretär, welche Eigenschaft seines Herrn am ausgeprägtesten gewesen sei. Der antwortete, dass die meisten, die mit ihm zu tun gehabt hätten, von seiner Sanftheit beeindruckt gewesen seien. Tan musste also der gutmütigste Mensch gewesen sein. Wie aber war es dann möglich, dass jemand nach dem Leben eines so friedliebenden Mannes getrachtet hatte?

Der Richter bedankte sich bei dem Sekretär für seine umfangreiche Mithilfe. Der Mann lächelte rätselhaft. „Ich muss Eurer Exzellenz jeden Beistand leisten, den Sie von mir wünschen", flüsterte er. „Sie werden in mir stets Ihren untertänigen Diener finden. Es liegt an mir, mich bei Eurer Exzellenz für diese erste Kontaktaufnahme voll des Interesses zu bedanken."

Er verbeugte sich ein bisschen tiefer als notwendig und zog sich dann zurück. Di fragte sich, was diese unterwürfige Haltung bedeuten mochte. Genau betrachtet gab es noch eine Frage, die er nicht gestellt hatte: Wer nahm im Herzen des Präfekten den zweiten Platz ein, hinter Shang und dessen mageren, etwas eitlen Verdiensten? Der Sekretär hatte ihm gerade die Antwort geliefert.

Da er nun schon einmal im Garten war, begab er sich in den hinteren Teil des Parks, um sich zu vergewissern, dass der Tatort noch in dem Zustand war, in dem er ihn verlassen hatte. Da erregten immer kräftiger werdende Geräusche von Schlägen seine Aufmerksamkeit. Sie kamen vom Pavillon, in dem die Leiche lag. Di beschleunigte seine Schritte.

Bald sah er die junge Dienerin, Fräulein Herbstrose, auf der Freitreppe, die heftig an die Tür klopfte. Weil sie keine Antwort bekam, rief sie laut: „Herr, geht es Ihnen gut? Antworten Sie, ich bitte Sie!“, wiederholte sie beunruhigt. Sehr nervös geworden drehte sie sich um und stand Di buchstäblich vor der Nase, der sie unverwandt beobachtete.

Sie machte eine ausweichende Bewegung, wollte fliehen, doch er hielt sie am Handgelenk fest.

„Lassen Sie mich!“, flehte sie ihn an. „Hier passiert irgendetwas. Ich muss den Hofmeister holen, ich brauche Hilfe.“

„Sie werden niemanden holen“, entgegnete er.

„Alles ist normal, das versichere ich Ihnen.“

Die junge Frau hörte auf, sich zu wehren. Beide standen sich einen Augenblick lang unbeweglich gegenüber: Sie, die ihn glauben lassen sollte, ihr Herr sei durchs Fenster gesprungen, und er, der nicht enthüllen konnte, dass sich in diesem Pavillon nichts weiter als eine Leiche befand. Aber irgendetwas musste in seinem Blick gelegen haben, das die Ahnung dieser liebenden Frau nicht zu täuschen vermochte. Sie las in seinen Augen, dass es ein tragisches Ereignis gegeben hatte.

„Ist ein Unglück geschehen?“, fragte sie. „So ist es, nicht wahr? Ich wusste, dass man mit dem Tod nicht spielen soll. Die Dämonen mögen es nicht, wenn man sich über sie lustig macht, sie haben sich gerächt!“

Sie brach vor ihm in Tränen aus. Di zog sie an seine Brust und tätschelte ihren Rücken. Nach ein paar tröstenden Worten fragte er sie, ob sie hier in der Nähe irgendetwas Besonderes bemerkt habe. Als ihre Tränen ein bisschen versiegt waren, antwortete sie, dass sie sich am letzten Abend sehr gewundert habe, als sie nach ihrem Herrn sehen wollte. Durch die halb geöffneten Fensterläden habe sie nämlich das Geräusch einer Unterhaltung vernommen. Ein Mann war noch da gewesen, aber nicht der Hofmeister. Sie wusste nicht, wer es gewesen sein konnte und hatte sich sofort entfernt. Sie habe lediglich einige Augenblicke später den Rücken eines der Gäste gesehen, der sich entfernte. Er sei groß und schlank gewesen.

Di dachte darüber nach, dass Mei aufgrund seines Alter gebeugt ging, Lo war rundlich und Kien nur mittelgroß. Der Unbekannte, der bei dem Verstorbenen gewesen war, konnte also nur entweder Dao-Li oder Shang gewesen sein, denn beide waren schmal und hochgewachsen. Er beschloss, zunächst ein kurzes Gespräch mit dem Musterschüler zu führen und verabschiedete sich von der jungen Frau. Di empfahl ihr, das, was sie gerade erfahren hatte, für sich zu behalten.

Als er in das Arbeitszimmer des Archivs trat, glaubte er Dao-Li zu sehen, der mit dem Rücken ihm zugewandt, vor den Regalen stand. Doch als der Mann sich umdrehte, stellte er fest, dass es Shang war. Di wunderte sich höflich, dass er ihn immer wieder in Studien vertieft vorfände.

„Man hat mir nichts anderes beigebracht", sagte der Akademiker mit einer gewissen Verbitterung in der Stimme. „Studieren Sie! Studieren Sie ohne Unterlass. Man wird Sie bewundern, doch besser behandelt werden Sie deshalb nicht.

Wenn man auf die Effizienz der Bezirksrichter mehr Wert legte als auf deren Kultur, wo kämen wir da hin? Der Kern unserer Nation liegt in der Kenntnis literarischer Texte. Wissen Sie, dass die Stadt, für die ich verantwortlich bin, nichts weiter ist als eine Ansammlung von heruntergekommenen und schmutzigen Wohnvierteln, voll von Analphabeten?"

Ein böser Dämon blies Richter Di eine ironisch gefärbte Antwort zu: „Hat nicht der Meister gesagt: ‚Nur derjenige ist ein anständiger Mensch, der, von der Welt unbeachtet, daraus keinen Unwillen schöpft'?"

Shang furchte die Augenbrauen, verärgert darüber, die Rollen vertauscht zu sehen. „Haben Sie doch die Güte, mir nicht Konfuzius unter die Nase zu reiben, ich kann ihn auswendig!“

Di war der Meinung, ihm durchaus Hoffnung machen zu können, ohne die kleinen Geheimnisse des Sekretärs zu verraten. Er versicherte ihm, dass er gute Gründe dafür hatte, davon auszugehen, dass seine Bemühungen nun endlich belohnt würden. Dann bat er ihn, diese Indiskretion für sich zu behalten und ging hinaus wie ein Heiliger, der soeben die Wohltaten des Himmels den Bedürftigen dieser erbärmlichen Welt hatte zuteil lassen.

Kurz vor dem Abendessen machte er einen kleinen Spaziergang durch die Gärten, um seinen Appetit anzuregen. Der Fall war ihm auf den Magen geschlagen und hatte unangenehme Auswirkungen. Er vertraute darauf, dass der Marsch und die Abendkühle ihm helfen würden, Klarheit in seine Gedanken zu bringen. In seinem armen Kopf ging alles durcheinander.

Er setzte sich auf eine Bank und betrachtete geistesabwesend die Fassade des Gerichtsgebäudes, als ihm ein erstaunliches Detail auffiel. Drei der Fenster ließen nur einen dünnen Lichtstrahl nach draußen dringen, was logischerweise bedeutete, dass man drinnen Laternen angezündet und dann die Vorhänge zugezogen hatte, um die Intimität zu wahren. Das vierte Fenster dagegen war vollkommen erleuchtet. Keine Spur eines Vorhangs!

Di strengte sich enorm an, um sich den Aufbau des Palastes im Geist vorzustellen. Er kam zu dem Ergebnis, dass die ersten drei Fenster vermutlich zu den Gemächern Meis, Shangs und Los gehörten. Dao-Li dagegen wohnte auf der anderen Seite. Nach dem Ausschlussverfahren konnte dieses Zimmer nur dasjenige von Kien sein.

Er beeilte sich zurückzukehren, immer zwei Stufen auf einmal nehmend, und klopfte schließlich an die Tür des Letzteren.

„Entschuldigen Sie“, sagte er, etwas außer Atem. „Ich habe mich gefragt, ob Sie eventuell mit mir eine Partie Domino spielen wollen, bevor wir zu Tisch gehen?“

Nach diesem erfundenen Vorwand bemühte er sich, hinter dem Rücken des Richters festzustellen, ob er das richtige Zimmer gefunden hatte. Indes fragte sich der Schwiegersohn des Präfekten, was sein Kollege wohl hinter ihm suchte und so drehte er sich um. Di hatte sofort festgestellt, dass der Vorhang fehlte, so, wie er es vermutet hatte. Er konnte sich nicht zurückhalten, mit Entschiedenheit anzugreifen. „Nanu!“, sagte er. „An Ihrem Fenster hängt kein Vorhang? Das kann doch nicht angenehm sein.“

„Da haben Sie recht“, antwortete Kien, „ich habe es aber gar nicht bemerkt. Gestern hing er nämlich noch da. Ich frage mich, was im Kopf des Personals vorgegangen sein mag.“ Dann fügte er in vertraulichem Ton hinzu: „Dieses Haus ist in keinem so guten Zustand, wie man meinen könnte. Ich prüfe alles und werde auf Ordnung achten, sobald ich der neue Herr geworden bin. Das Personal muss ernsthaft mit strengerer Hand geführt werden.“

Er lehnte die Einladung zum Dominospiel ab, der Ruf zum Abendessen würde ja nicht mehr lange auf sich warten lassen. Als er die Tür wieder hinter sich geschlossen hatte, hätte Di beinahe einen Freudenschrei ausgestoßen, weil er endlich auf einen brauchbaren Hinweis gestoßen war. Glaubte man Kien Fang-te, so wurden Vorhänge ungehindert quer durch den ganzen Palast getragen. Und dann erinnerte er sich, sie in diesem Zimmer noch am selben Nachmittag an ihrem Platz gesehen zu haben. Kien hatte also nicht gelogen.

Jemand hatte die Brokate von den Stangen herabgenommen. Was hatte es also mit dieser Geschichte auf sich?

Der Gong ertönte. Die sechs Richter stiegen zum Essen hinunter, das in halb trübsinniger, halb spöttischer Atmosphäre stattfand. Nach der Mahlzeit betrachtete Di ein paar Minuten lang die Kunstwerke, die die Säle des Palastes schmückten.

Wieder in seinem Zimmer stellte er seine Laterne auf den Tisch. Ein Detail erschien ihm ungewöhnlich. Er drehte sich zum Fenster, um die Vorhänge zuzuziehen.

„Ach, das ist aber ein starkes Stück!“, rief er dann aus. An seinem Fenster gab es keine mehr.

XI

Richter Di folgt den Spuren eines Verstorbenen; er rettet ein Kind.

Die Nacht hatte ihm gutgetan: Als er erwachte, war sein Geist merkwürdig frisch und klar. Richter Di wurde bewusst, dass er seine Überlegungen sogar während des Schlafes fortgesetzt hatte. Jetzt konnte er das Rätsel des verschwundenen Vorhangs lösen. Das Fehlen des Brokats war ein entscheidendes Indiz, vor allem, weil er jetzt groteskerweise bei ihm fehlte, dann aber auch, weil es offensichtlich war, dass seine Kollegen ihn abwechselnd einander stahlen, um nicht verdächtigt zu werden, ihren Gastgeber erhängt zu haben. Sie hatten den ganzen Tag Reise nach Jerusalem gespielt und unentwegt Stoffenden aufgehängt und abgenommen – als handelte es sich um eine Schiffsflagge, die jeder unbedingt als erster hissen wollte. Jeder war bereit, seinen Nächsten anzuklagen. Jetzt musste er den bei dem Verbrechen verwendeten Vorhang aus dem hintersten Teil des Parks holen und ihn an seinem eigenen Fenster befestigen, um diesem makabren Spiel endlich ein Ende zu bereiten. Innerlich sagte er sich, dass er seine Zeit in eine Sackgasse investiert hatte. Nun galt es sich anzustrengen, um die Indizien, die seinen hochverehrten Kollegen so triumphierend angeführt hatten, zu überprüfen.

Er fertigte eine kleine Aufstellung an. Sein Programm umfasste eine verführerische Geschäftsfrau, ein in einem Heiligtum verstecktes Kind, eine Spielhölle und unbezahlte Schulden bei einem Likörhändler.

Nachdem er seinen Morgenreis eingenommen hatte, streifte Richter Di Alltagskleidung über und unternahm darin eine Erkundungstour, eine Runde der Ehrlosigkeit. Er hatte den Eindruck, in der Stadt mit einem Bildnis des Verstorbenen spazieren zu gehen, um den Bürgern zu erlauben, darauf zu spucken. Die Wahrheit stand jedoch im Begriff, sich als gänzlich anders herauszustellen.

Zunächst suchte er die von Lo beschriebene Spieltaverne auf. Zum Glück hatte sich Lo, der ihm einiges schuldig war, nicht lange bitten lassen, ihm die Adresse zu nennen. Nur ein paar Straßen vom Gericht entfernt entdeckte Richter Di in einem seitlichen Durchgang das Restaurantschild „Zur entzückenden Bouillon", die Taverne lag genau gegenüber. Auf den ersten Blick wirkte sie wie eine biedere Teestube. Er schob den Perlenvorhang vor dem Eingang beiseite und trat hinein.

Er entdeckte eine weitläufige Halle, die ganz mit Holz, verziert von Blumenmotiven, ausgekleidet war. Darin saßen mehr oder weniger weißhaarige Männer, die mit Genuss aromatisierten Früchtetee tranken und dazu ihre Dominosteine verschoben. War das die Spieltaverne, die ihm beschrieben worden war?

Ein Kellner näherte sich, um ihm einen Tisch zuzuweisen und nach seinen Wünschen zu fragen. Di bestellte Alkohol, worauf ihm geantwortet wurde, dass es diese Art von Getränken in diesem Hause nicht gäbe. Während er dann seine Teekanne abkühlen ließ, beobachtete Di aufmerksam, was um ihn herum geschah.

Ganz sicher wurde um Geld gespielt: Die Gäste hatten vor sich kleine Stapel an Sapeken liegen, die vor dem Beginn jeder Spielrunde aus einer Hand in die andere wechselten. Dies war aber doch nicht die Art unerlaubte Beschäftigung, mit der ein Mann schnell reich werden konnte. Di wunderte sich vor allem, dass Lo einen Ort besucht haben sollte, an dem lediglich warmes aromatisiertes Wasser serviert wurde.

Di wartete gespannt auf ein mögliches Kommen und Gehen aus dem und in den rückwärtigen Saal, was auf eine heimliche Betriebsamkeit unehrenhafter Art hätte hinweisen können. Doch weder eine verdächtige Bewegung noch ein geschickt platzierter Wandschirm verbargen hier eine Höhle des Lasters. Dieser Ort war gewiss nicht die Spelunke, die er erwartet hatte. Di rief den Kellner.

„Wird Richter Tan heute hierherkommen, um zu spielen?", fragte er mit unbeteiligt klingender Stimme.

„Ich glaube nicht", antwortete der junge Mann.

„Seine Exzellenz beehrt unser bescheidenes Haus nicht sehr oft mit seiner Gegenwart."

Dann war die Leidenschaft des verstorbenen Richters für das Dominospiel also bloß ein Geheimnis auf dem Papier. Der Kellner teilte ihm ohne Umschweife mit, dass der gute Richter noch eine Rechnung offen habe. Er schuldete dem Haus noch einige Runden Jasmin Tee. „Dadurch werden aber sicherlich nicht die Finanzen des Staates gefährdet!", dachte Di. Diese Glücksspieltaverne von Pien-fu war ganz wie der Rest der Stadt: altmodisch. Auch er selbst spielte übrigens mit seinen Gattinnen Domino, wobei er oft sein Taschengeld verlor. Machte ihn das zum Zocker?

Wenn alle Bezirksrichter nur diese läppische Art Fehler gehabt hätten, er müsste die tausend kleinen Schwächen seiner lieben Kollegen nicht dauernd ertragen. Di ließ ein paar Sapeken auf dem Tisch zurück und suchte die nächstfolgende Adresse seiner Straftäterjagd auf.

Nur ein paar Schritte entfernt befand sich das Verkaufsgeschäft des Likörhändlers, den ihm Mei bezeichnet hatte. Eine riesige Flasche hing davor. Di schloss daraus, dass der Besitzer sich vermutlich mit dem Gildenvorsteher der Weinhändler abgesprochen hatte. Er verkündete daher sofort beim Eintreten seine Stellung als Bezirksrichter und bat, das Buch einsehen zu dürfen, in dem die Rechnungen der Kunden eingetragen wurden. In keiner einzigen Zeile fand sich der persönliche Name Tan Jinxuans.

„Wenn mir Eure Exzellenz genau bezeichnen, was Sie suchen", sagte der Händler, „wäre ich sehr glücklich, Ihnen behilflich sein zu können." Di erfuhr nun, dass die für das Gericht veranlassten Lieferungen in ein spezielles Buch eingetragen wurden. Darin war alles präzise vermerkt: Datum und Menge der Lieferungen, die Art der Bankette, der Name der Gäste und auch der Gefolgschaft. Tatsächlich belief sich die Schuld auf einen Betrag in ziemlich beachtlicher Höhe.

„Wissen Sie, dass Seine Exzellenz, Herr Richter Tan, in die Hauptstadt versetzt worden ist?“, fragte Di. „Es ist gut möglich, dass er diese Schuld komplett vergessen hat.“

Der Ladeninhaber erklärte, dass er entzückt sei zu erfahren, dass der Bezirksrichter befördert worden sei. Bezüglich der kleinen Rechnung zeigte er sich nicht beunruhigt: Er bezeichnete sie als „geringfügigen Betrag“, der ohne Folgen bleiben werde. Di vermutete, dass der Geschäftsmann eine andere Aussicht auf Erstattung hatte, die er ihm sicher gleich darlegen würde.

Er begriff schnell, dass dem Mann vor allem wichtig war, weiterhin Aufträge des Gerichts zu erhalten. Denn Richter Tan hatte ihm vor drei Monaten versichert, dass er das Gericht auch nach seiner Reise weiterhin beliefern könne wie bisher. Dieses Versprechen hatte ihn daran gehindert, die im Laufe des Jahres angefallenen Rechnungen zu überprüfen. Zweifellos hatte Tan mit den meisten Lieferanten von Pien-fu ähnliche Vereinbarungen getroffen. Es war daher keine Beschwerde zu befürchten; also hatte mal wieder jemand eine Menge Qualm verursacht, wo gar kein Feuer war.

Di bedankte sich bei dem Weinhändler und wandte sich dem nächsten Bereich zu. Bereits an der folgenden Straßenecke erreichte er das Seidengeschäft für Damen. Dabei handelte es sich im Wesentlichen um eleganten Flitterkram. Eine kräftige Frau, die etwas zu sehr herausgeputzt war, empfing ihn. Ihre Bewegungen ähnelten denen einer dicken Katze.

Auf mehreren Tischen stapelten sich Pakete mit Seide, die in grellen Farben leuchtete. An den Mauern hingen Modelle aller Art, von Damastblusen bis zu mehr oder weniger feiner Unterwäsche. Die Geschäftsfrau strahlte über das ganze Gesicht. Mit einem Wort: Sie war eine gewiefte Händlerin, die mit Artikeln für Damen ihr Geld verdiente, dabei immer ein Augenzwinkern parat hatte und sich mit den Frauen wahrscheinlich spitzbübisch und den männlichen Kunden offensichtlich komplizenhaft gab.

Sobald Di einen Fuß in diese Boutique gesetzt hatte, hielt sie ihn für einen betuchten Bürger auf der Durchreise, der für seine Ehefrauen irgendwelche Neuheiten anstelle von Souvenirs kaufen wollte.

„Ist es vielleicht eine junge Konkubine, die sich Ihrer geschätzten Aufmerksamkeit erfreut?“, vermutete sie mit einem zweideutigen Blick. „Wenn ich mir erlauben darf zu sagen, werter Herr Kunde, so ist es doch angebracht, auch Ihrer Ersten Dame etwas mitzubringen. Dies garantiert ein gesundes Gleichgewicht Ihres häuslichen Friedens. Die Grundlage guten ehelichen Einvernehmens beruht auf der Vermeidung jeglicher Eifersucht. Wir führen drei hübsche Umschlagtücher, die die reiferen Damen besonders erfreuen.“

Di fühlte, wie er in dieser teuflisch-weiblichen und köstlich-angenehmen Atmosphäre, die persönlich und unaufdringlich zugleich war, immer nachgiebiger wurde. Hier wurde man nicht in Schleier gewickelt, sondern in behagliche Freundlichkeit.

Er begriff, dass viele Leute allein wegen der Atmosphäre der Versuchung erlagen, hierher zu kommen.

„Schauen Sie, wie fein diese Seide ist“, sagte die füllige Händlerin. „Beim Berühren ist sie von der Haut einer jungen Gattin nicht zu unterscheiden …“

Wenn man ihm auch keinen Tee angeboten hatte, um bedauerliche Unfälle zu vermeiden, so gab es doch trockene Kuchen und geröstete Mandeln zum Knabbern, die auf hübschen Porzellantellerchen gereicht wurden. Di fing an zu glauben, dass Tans Beziehungen zu dieser Geschäftsfrau kaum anderer als rein platonischer Natur gewesen sein dürften.

Sie entsprach übrigens nicht der Art von Schönheit, die den Bezirksrichter hätte verführen können, verglichen etwa mit dem Charme der kleinen Gerichtsdienerin. Für ihn waren die schlankeren, jüngeren und weniger geschminkten Frauen erheblich attraktiver.

Ein kleiner, dicker, schlecht gebauter Mann betrat den Laden mit schweren Paketen.

„Ist der Herr ein Angestellter von Ihnen?“, erkundigte sich Richter Di.

„Keineswegs“, antwortete die Frau, „das ist mein lieber Mann, der Besitzer des Geschäftes.“

Der Wohlbeleibte verbeugte sich; Di sah, dass er hinkte. Dieser Gatte, der halb behindert und wahrscheinlich gichtkrank war, konnte sich unmöglich an einem Liebhaber im besten Alter gerächt haben, indem er ihn totschlug und an einem Balken aufhängte, ohne dabei aufzufallen. Di glaubte vielmehr, dass Tans Besuche mit einem eher lächerlichen Interesse an Seidenstoffen zusammenhingen, die für das schöne Geschlecht vorgesehen waren.

Dann erschien ein anderer Herr, der sich ein bisschen genierte; die Frau des Händlers empfing ihn mit der gleichen schmeichelhaften Routine. Wären alle Männer, die in diese Boutique kamen, ihre Liebhaber, wäre dies das größte Bordell des ganzen Bezirks. Di äußerte seinen Wunsch, doch lieber in Gesellschaft seiner Gattinnen zurückzukehren und verließ den Laden, nachdem ihm die Dame des Hauses ein letztes verständnisvolles Lächeln geschenkt hatte.

Sein Weg führte ihn zum Tempel der vereinigten Harmonie und inneren Ruhe, in dem Tan ein aus einem Ehebruch hervorgegangenes Kind zurückgelassen haben sollte. Würde er dort erfahren, dass es sich lediglich um ein gutes und damit vollständig unschuldiges Werk gehandelt hatte?

Bis jetzt hatten sich ja die Hinweise seiner Kollegen eher als lachhaft statt als zuverlässig herausgestellt. Der Tempel war nach wie vor derselbe dunkle Ort, an dem man die sterblichen Hüllen der Kurgäste ausstellte, bei denen die Hoffnungen auf Heilung nicht von Erfolg gekrönt gewesen waren. Es gab offenbar ständig Beisetzungen. Ein prunkvoller Sarg war vor der Statue eines aufgedunsenen und vergnügt aussehenden Gottes aufgestellt, der die Selbstzufriedenheit Pien-fus oder diejenige seiner Mönche auf wundersame Weise verbildlichte.

Der Richter war, wie schon bei seinem vorhergehenden Besuch, kaum ein paar Minuten anwesend, als auch schon ein vollständig kahlrasierter Bonze in einer roten Bluse erschien. Mit gedämpfter Stimme fragte er, was er für Di tun könne. Dieser kam nicht umhin zu denken, dass dieser Ort genauso geschäftsmäßig wirkte wie die Läden, die er soeben aufgesucht hatte, inklusive Weihrauch und Statuen.

Di stellte sich erneut unter seinem tatsächlichen Namen und Stand vor, was ihm erlaubte, auf Anhieb zu fragen, ob es zutreffe, dass von der Gemeinschaft des Tempels Kinder in Pension aufgenommen würden. Der Mönch erwiderte, dass diese Formulierung stark übertrieben sei: Man habe lediglich ein einziges Kind aufgenommen, das allerdings noch zu jung gewesen sei, um das Noviziat zu beginnen, um dem Allmächtigen zu dienen, der ihnen den Jungen anempfohlen hatte. Di wollte das Kind sehen.

Während der Mönch ihn durch zahlreiche Höfe und gewundene Gänge hinter den Tempel führte, erklärte er, dass die Mutter eine Frau von schlechtem Lebenswandel sei, die während der Ausübung ihres skandalösen Berufes von einem hitzigen Fieber befallen worden und daran gestorben sei. Der Richter hatte Mitleid mit dem Kind empfunden, man konnte daraus folgern, was man wollte.

Es gehörte sicherlich nicht zu den Gewohnheiten Tan Jinxuans, sich der Waisen seiner Stadt anzunehmen, erst recht nicht jenen, die unehrenhaften Beziehungen entsprossen waren. Was auch immer der Grund für die Aufmerksamkeit gewesen sein mag, die er diesem Kind entgegengebracht hatte, bemerkte der Mönch mit honigsüßer Stimme, ganz gleich, ob es nun von ihm sei oder nicht, so stünde doch fest, dass sie ihn letztlich nur ehre.

Richter Di wunderte sich lautstark darüber, dass die Bruderschaft der Bitte des Richters entsprochen hatte: Sie führten ja kein Waisenhaus und Tan sei auch kein außerordentlicher Menschenfreund. Der Bonze begnügte sich damit, mit der Miene eines Wohltäters der Menschheit zu lächeln.

„Wann haben Sie diesen Jungen aufgenommen?“, fragte Di.

„Vor ungefähr zwei Jahren“, antwortete der Mönch.

„Kann ich erfahren, seit wann Ihre Gemeinschaft das Monopol für die Beisetzungen von Auswärtigen besitzt?“

„Seit etwa zwei Jahren, edler Herr Richter“, entgegnete der Mönch, ohne sein Lächeln der „vereinigten Harmonie und inneren Ruhe“ aufzugeben. Richter Di zog daraus innerlich den Schluss, der sich aufzwang.

In einem weitläufigen Speisesaal war ein ungefähr fünfjähriges Kind gerade dabei, mithilfe eines Putzlappens den Bodenbelag zu schrubben.

„Ich sehe, dass Sie mit seiner Ausbildung bereits begonnen haben", sagte der Richter unbewegt.

„Der Kleine hilft uns ein bisschen", antwortete der Bonze. „Er ist sonst zu nichts großartig nütze. Aber damit ist er beschäftigt, und es vermittelt ihm die Disziplin, die er später braucht, um ein guter Novize zu werden."

„Und um ihn weiter wie einen Sklaven zu schinden", dachte Richter Di bei sich. Wenn ihn schon die Protektion seines angeblichen Vaters nicht davor bewahrte, die Böden zu schrubben, was würde erst passieren, wenn man von dessen Ableben erfuhr? Richter Di wagte nicht, sich das vorzustellen. Der Anblick dieses Kindes, das unentwegt die Fliesen putzte, erschütterte ihn zutiefst.

In ein paar Tagen würden sich die Mönche ihn vom Hals schaffen, indem sie ihn in irgendein verlorenes Kloster steckten, wo er sich nützlich machen konnte und dafür nicht einmal lesen und schreiben lernte und dass er niemals wieder verlassen würde.

Seine Lage würde sich so weit verschlimmern, wie es nur möglich war. Der Bonze betrachtete ihn mit zufriedenem Grinsen.

„Mein Kollege Tan Jinxuan möchte dieses Kind wieder zu sich nehmen", erklärte Richter Di plötzlich. „Deshalb hat er mich hierhergeschickt."

Das Lächeln des Mönchs gefror augenblicklich.

„Aber … Wie ist denn das möglich? Dieser Junge ist doch unserer erlauchten Wachsamkeit anvertraut worden … Er zeigt gute Anlagen für ein Leben als Mönch, ist gehorsam und fleißig."

„Die Vereinbarungen mit dem Gericht werden natürlich eingehalten", beeilte sich Richter Di zu versichern, um wütenden Protesten vorzubeugen. Sofort entspannte sich der für einen Augenblick aus der Ruhe geratene Mönch wieder.

„Die Wünsche unserer Bezirksrichter sind uns Befehl", entgegnete er und verbeugte sich. Der Richter ließ die wenigen persönlichen Dinge des Jungen herbeischaffen: einen kleinen, leichten Ball, eine in ein seidenes Etui eingewickelte Papierrolle und zwei Puppen aus Chiffon; dann verließ er – ohne sich weiter aufzuhalten – diesen Ort der harmonischen und heiteren

Menschheit. Der junge Tan hatte ein sympathisches Gesicht, ungeachtet seines etwas traurigen Gesichtsausdrucks. Die Augenlider waren aufgrund seiner Müdigkeit leicht geschwollen.

Di bestellte Träger und ließ sich in einer Sänfte zum Gericht bringen. Im Palast bat er den Hofmeister, nach dem Sekretär und der jungen Dienerin zu schicken. „Ich vertraue Ihnen diesen Kleinen hier an“, sagte er dann zu beiden. „Er ist ein Sohn Ihres früheren Richters und einer inzwischen verstorbenen Frau. Nehmen Sie ihn auf, erziehen Sie ihn und lassen Sie ihm die bestmögliche Ausbildung angedeihen, die ihm hier offensteht.“

Der Sekretär und die Dienerin verneigten sich. Die Frau führte das Kind in ein Nebengebäude. Aus den Blicken, die sie ihm zuwarf, erriet der Richter, dass es dem Jungen nicht schlecht gehen würde. Dies war das einzige Geschenk, das ihr der verstorbene Geliebte hinterlassen hatte. So hatte die Affäre wenigstens eine gute Tat ermöglicht: Ein Waisenkind hatte den Platz eingenommen, der ihm von Rechts wegen zukam.

Somit hatten sich die Hinweise, die er von seinen Kollegen erhalten hatte, zwar als richtig erwiesen, sie waren jedoch so gut wie ohne Bedeutung. Sie hatten sich mit Halbwahrheiten zufriedengegeben, und Di hatte ihretwegen den gesamten Vormittag damit vergeudet, die Bewohner Pien-fus zu befragen, ohne dass es seine Untersuchung auch nur um einen Deut weitergebracht hätte. Er fragte sich, ob nicht das sogar der eigentliche Zweck ihrer Vertraulichkeiten gewesen war: ihn zu täuschen und auf eine falsche Spur zu locken. Wie konnte er herauskriegen, ob diese Richter tatsächlich so dumm und ineffektiv waren, wie sie den Anschein hatten? Er musste ihnen gegenüber dringend wieder einen Vorteil erlangen.

XII

Rotes Wasser verursacht Panik;
die Wasserfälle liefern ein wichtiges Indiz.

Die Zeit des Mittagessens nahte. Di begegnete auf dem Gang Dao-Li, der in seinem Zimmer verschwand. Etwas später, als er gerade seine Mahlzeit im Garten einzunehmen gedachte, sah er im Vorbeigehen Shang im Archivsaal, wo er wie immer über die Kästen mit den Dossiers gebeugt war.

Di machte es sich in einem Gartenhäuschen bequem und ließ sich den Mittagsreis servieren. Er war gerade dabei, seine Schale zu leeren, als laute Rufe seine Aufmerksamkeit erregten. Zwei Gärtner versuchten, Dao-Li daran zu hindern, prächtige Kamelien abzuschneiden, die stolz aus einem Beet ragen. Di erfuhr, dass sich der Sohn des Grafen von Pu dies, ohne zu fragen, herausgenommen hatte, um mit ihnen sein Zimmer zu schmücken; dabei handelte es sich um die Lieblingsblumen des Herrn der Residenz. Die entsetzten Gärtner versuchten, ihn von dem Massaker abzuhalten.

Dao-Li war auf dem besten Wege, einen selbst provozierten Skandal unter der Dienerschaft auszulösen: „Das ist doch völlig unerheblich“, entrüstete er sich, „wo ich doch ohnehin kurz davorstehe, euer neuer Herr zu werden! Ich entscheide, dass diese Blumen schön genug sind, meine Zimmer zu schmücken. Schluss mit der Diskussion.“

Den Mienen der Diener war zu entnehmen, dass sie darum beteten, dass es zu dieser Ernennung niemals kommen möge. Als er sich wieder in den Palast begab, erblickte Di im Schatten eines anderen Pavillons Mei und Kien, die eine Partie Go austrugen. Mit Befriedigung stellte er fest, dass die Beziehungen zwischen seinen Kollegen dabei waren, sich zu bessern. Er musste allerdings schnell feststellen, dass er sich getäuscht hatte: Kaum war er an dem Gartenhaus vorüber, so hörte er, wie sie einander gallige Anschuldigungen an den Kopf warfen, bei denen es um gegenseitiges Mogeln und ethische Mängel sowohl beruflicher als auch privater Natur ging. Er kehrte in sein Zimmer zurück, um sich einen Augenblick von den Rundgängen über die Pflastersteine von Pien-fu zu erholen. Seine Untersuchung war an einem toten Punkt angelangt. Er fühlte, dass er zu scheitern drohte.

Lo schien soeben dabei zu sein, eine besonders anstrengende seiner dichterischen Sitzungen zu verarbeiten, denn er hörte ihn durch mehrere Wände hindurch lautstark schnarchen. Di war gerade eingenickt, als an die Tür geklopft wurde. Der Hofmeister trat ein, er wirkte sorgenvoll. Der Angestellte eines Badehauses war erschienen; in seinem Haus war eine Leiche entdeckt worden.

„Na, dann fängt ja alles wieder von vorne an", sagte sich der Richter und schlüpfte in aller Eile in seine Stiefel. Er betrat die Halle zur selben Zeit wie seine Kollegen – Dao-Li mit den massakrierten Blumen, Lo noch vollständig verschlafen und Mei mit ein paar Sapekenschnüren, die er von Kien ergaunert hatte, der das düstere Gesicht eines Spielers machte. Lediglich Shang fehlte. Man hatte ihn in seinen Gemächern und in den Archiven gesucht, doch vergeblich: Er war unauffindbar.

„Lassen Sie ihn studieren", sagte der alte Mei zum Hofmeister. „Und du", wandte er sich an den Jungen aus dem Badehaus, „führst uns zum Ort des Geschehens."

Wieder einmal kletterten sie in die Tragestühle ihrer Sänften, die sie wie in einer Prozession zu einem der Prachtbauten in den Hügeln brachten, aus denen die heißen Quellen heraussprudelten. Sie wurden vom Badehausbetreiber persönlich empfangen; es war derjenige, der Di die Klagen über Kien Fang-tes Unmoral vorgetragen hatte. Der Gildenvorsteher war entsetzt.

„Was für eine beklagenswerte Schädigung meines Geschäftes!", jammerte er. „Ein Etablissement mit solch einem guten Ruf! Kann man sich vorstellen, dass jemand in dieses ehrbare Haus kommt, um zu sterben?"

„Also wirklich!“, sagte Lo, noch immer ein bisschen benebelt. „Dies war wohl nicht das erste Mal, dass ein Besucher eines Ihrer Badehäuser krank geworden ist.“

„Ja, aber diese Art von Krankheit kommt nicht gerade häufig vor“, antwortete der Direktor verstimmt und öffnete ihnen den Verbindungsweg zu einer Reihe luxuriös eingerichteter Salons. Er kündigte an, dass er sie in den für Frauen reservierten Bereich führe. Dabei wartete er offensichtlich auf Kiens Reaktion, dessen Augen bei dieser Ankündigung kurz gezuckt hatten, womit er seinem Ruf als unwiderstehlicher Verführer mal wieder gerecht wurde.

Der Saal aus lackiertem Holz verlief rund um ein natürliches Becken, dessen Wasser so heiß war, dass es dampfte – seine Farbe konnte jedoch nicht zum Baden verlocken: Sie war blassrot. Der Direktor erklärte, dass drei Badegäste in aller Ruhe vor sich hingedöst hätten, als sich das Wasser plötzlich in dieser unheimlichen Art und Weise gefärbt habe. Sie wären deshalb unter entsetzlichem Geschrei geflohen.

„Machen Sie sich das mal bewusst: Sie haben Entschädigung verlangt! Was für eine Schande! Das hat man noch nie erlebt!“

„Ein merkwürdiges Schauspiel!“, sagte Dao-Li und glättete seinen Schnurrbart. „Dieses Spektakel ist nicht besonders einladend, das ist sicher.“

„Dasjenige im oberen Stockwerk ist es noch weniger“, bekräftigte der Gildenvorsteher. „Wenn Ihre Exzellenzen mir bitte folgen wollen …“

Er führte sie höher hinauf, in den für Männer reservierten Bereich; auch der war praktisch leer. In der Mitte des Naturbeckens lag eine Leiche auf dem Bauch. Mei runzelte die Stirn: „Man hat fünf Richter hierherbeordert, um festzustellen, dass ein Badegast Opfer eines Unfalls geworden ist!“, protestierte er. „Ein Leichenbeschauer hätte genügt. Jetzt fehlt nur noch Shang, und alle Bezirksrichter der Stadt werden hier sein und ihre Zeit verschwenden.“

Lo wies auf ein merkwürdiges Detail hin: Selten sehe man Badegäste vollständig angekleidet in die Becken steigen. Zwei Angestellte stiegen nun mit nackten Füßen ins Wasser, um die

Leiche umzudrehen. Die Bezirksrichter konnten einen Schrei der Überraschung nicht unterdrücken.

„Nanu, jetzt sind wir doch komplett!", bemerkte Dao-Li mit leiser Stimme. Shangs Gesicht war aufgedunsen und bleich, die Augen waren weit geöffnet, die Haare klebten im Gesicht, der Körper trieb in dem rot gefärbten Wasser.

„Wie ist denn das möglich?", rief Mei. „Vor Kurzem haben wir ihn doch noch im Archiv gesehen und dort zurückgelassen!"

„Ein Dämon wird ihn geholt haben!", kreischte Kien. „Dieses schreckliche Badehaus ist verhext! Das habe ich sofort gespürt."

„Haben Sie irgendwelche übernatürliche Vorgänge bemerkt in letzter Zeit?", fragte Dao-Li, bereit, eine Teufelsaustreibung zu veranlassen.

Der Direktor antwortete spitz, dass Dämonen, bösen Geistern und anderen Phantomen ganz ausdrücklich der Zugang zu seinem Betrieb verboten sei. Sowohl beim Bau als auch bei der Einweihung sei ein Bonze zugegen gewesen und habe die Einrichtung gesegnet, und er selbst als gewissenhafter Besitzer führe regelmäßig alle erforderlichen Frömmigkeitsbekundungen durch. Es gebe also keinen Grund dafür, dass sich ruhelose Seelen in seinem Gebäude zu einem Stelldichein versammelten.

Eine sorgfältige Untersuchung ergab, dass der Vorfall mit den Mächten des Jenseits nichts zu tun hatte. Es handelte sich ohne Frage um Shang Uchang, den Mann mit dem Elefantengedächtnis, der dort vor ihren Augen im vulkanischen Wasser trieb. In Höhe des Herzens ragte der Griff eines Messers aus seiner Brust.

Di gelang es nicht, den Gedanken zu verdrängen, dass der Unglückliche nun letzten Endes doch das Privileg erhalten hatte, in Pien-fu residieren zu dürfen, wenn auch auf dem Friedhof. Er beugte sich über das Becken, um das Heft genauer zu betrachten, das in der Wunde stak. Die Waffe war ein Sammlerstück, von antiquierter Fertigung und erlesener Qualität. Daraus war zu schließen, dass der Mörder kein Mann aus einfachen Kreisen sein konnte. Einerseits, da er sich, um sein Vorhaben in die Tat umzusetzen, eines Luxusgegenstandes bedient hatte, und andererseits, da er diesen ganz nachlässig am Tatort zurückgelassen hatte, anstatt ihn mitzunehmen und bei einem Waffenhändler zu einem guten Preis zu veräußern.

Was den Richter aber am meisten beschäftigte, war die Überlegung, dass der Mord erst nach dem

Mittagessen erfolgt sein konnte, denn Shang war um diese Zeit noch im Gericht gesehen worden. Dies bedeutete aber, dass jeder von ihnen unbestreitbar ein Alibi hatte. Di wusste das besonders genau: Dao-Li hatte vor aller Welt mit den Gärtnern gestritten, Mei und Kien sich vor ihrem Spielbrett gegenseitig beleidigt und Lo geschlafen, wobei er beim Schnarchen einen unvorstellbaren Lärm hervorgebracht hatte. Überdies war zwischen dem Augenblick, als Di Shang in der Bibliothek gesehen hatte und jenem, als man sie von dem Todesfall unterrichte, gerade genug Zeit vergangen, dass das Opfer ins Badehaus hatte gehen können, um sich dort in Windeseile umbringen zu lassen. Das war schon alles sehr merkwürdig.

Seine Kollegen stellten schweigend ähnliche Überlegungen an. „Übrigens, Di", fragte Mei nun in ungnädigem Ton, „wo waren Sie eigentlich heute Morgen? Wir haben sie kaum gesehen. Und nach dem Mittagessen auch nicht."

Di stellte entsetzt fest, dass er der Hauptverdächtige war. Man hatte auch keine Hemmungen, ihn das fühlen zu lassen. Nun waren die Rollen vertauscht. Er kam sich vor wie ein Tier in der Falle, angegriffen von jenen, die normalerweise er befragt hätte.

„Was wollen Sie damit andeuten?", fragte er Mei mit eisiger Stimme.

„Überhaupt nichts!", beeilte sich Lo zu erwidern. „Jede Vermutung wäre viel zu verfrüht, liebe Kollegen. Ich bitte Sie alle, absolute Ruhe zu bewahren."

„Verfrüht?", überlegte Di. „Das wird ja immer lustiger. Man gestattet mir jetzt also eine Bewährungsfrist?"

Mei warf ihm einen bedeutungsvollen Blick zu. Auch er hatte inzwischen erfahren müssen, wer in der vom Präfekten bevorzugten Reihenfolge nach dem armen Shang an zweiter Stelle stand. Einmal mehr verfluchte Di die Gehässigkeit dieses hohen Beamten, der es amüsant gefunden hatte, ausgerechnet demjenigen den Vorzug zu geben, der als einziger unter ihnen den

Posten nicht angestrebt hatte. Und das mit dem alleinigen Ziel, sich über die Bewerber lustig zu machen. Von nun an hatte er ein Motiv und er musste sich eingestehen, dass ihm gleichzeitig jegliche Art von Alibi fehlte. Sein Streifzug am Morgen von Laden zu Laden und seine Siesta am Nachmittag hätten ihm ausreichend Gelegenheit verschafft, diesen Mord vorzubereiten und zu verüben. Ihm selbst hätte diese Beweisleist genügt, um einen Verdächtigen an den Pranger zu stellen.

„Zum Glück", sagte er, „kann ich mich stets auf das Wohlwollen meiner Kollegen verlassen, nicht wahr?"

„Selbstverständlich!", antworteten sie im Chor, schienen dabei aber zu denken: „Ruh dich nur darauf aus und bereite deinen Nacken schon mal für den Henker vor!" Das Beweisverfahren war somit eröffnet: Es kam allen gelegen – außer ihm. Di sah ein, dass er einen schweren Stand haben würde.

Der Zeitpunkt war gekommen, die intellektuellen Fähigkeiten, die seinen Ruf begründeten – und an denen er noch nie einen Moment gezweifelt hatte –, vor aller Augen anzuwenden.

Die Masseure erhielten den Befehl, Shang aus dem Becken herauszuziehen. Der Vorgang wurde zu einem mitleiderregenden Schauspiel, denn er hinterließ eine lange und abstoßende Blutspur. Lo drehte sich angewidert weg. „Der Meister sagt: ‚Ihr versteht noch nicht einmal das Leben, wie wollt ihr da den Tod begreifen?'", rezitierte er, als die Leiche des Akademikers auf den Boden gelegt wurde.

„Er sagte aber auch: Ein Mann wie er könne nicht natürlichen Todes sterben", entgegnete Kien, um damit das Zitat des Konfuzius abzuschließen. Diese literarischen Gedenksprüche waren vor allem eine ironische Anspielungen auf die langweilige Überheblichkeit des Verstorbenen. Es war genau das, was er zweifellos selbst gesagt hätte, läge in diesem Moment nicht er, sondern ein anderer an seiner Stelle.

Sie schwiegen eine Zeitlang im Gedenken an ihren unglücklichen Kollegen. Dessen ungeachtet mussten sie sofort mit der Untersuchung beginnen. Der Mord an einem Bezirksrichter war so ziemlich das schwerwiegendste Verbrechen, mit dem sie es zu tun bekommen konnten, mit Ausnahme der Majestätsbeleidigung oder des Verrats in Kriegszeiten.

Sie sahen sich in allen Ecken des Hauses um: Mei verzog sich in die Buchhaltung, Lo in den Salon, in dem für gewöhnlich die Verköstigung von Spirituosen stattfand, Kien in Richtung des Frauentraktes, Dao-Li in die Nähe des Gästebuches, das man wichtigen Persönlichkeiten vorlegte, die auf der Durchreise waren.

Der Direktor wusste nicht mehr, wo ihm der Kopf stand, sein Badehaus wurde von Richtern überschwemmt.

Jetzt waren sie nur noch zu fünft. Di fragte sich, ob das nur noch vier Verdächtige bedeutete oder ob er sie von seiner Liste zu streichen hatte und seine Untersuchung in eine gänzlich andere Richtung lenken sollte. Die Vorgänge der letzten Zeit ließen ihn zu dieser zweiten Lösung tendieren. Er nahm seine Ermittlungen mit noch mehr Inbrunst wieder auf, angestachelt durch das Risiko, aus Mangel an Alternativen selbst als Mordverdächtiger dazustehen. Eine Rollenverteilung, die alles andere als verlockend war.

Kürzlich erst hatte er sich in der Lage befunden, die prächtigen Neigungen seiner Kollegen, irgendwen in irgendwas zu verwickeln und ziemlich abstruse Theorien zu ersinnen, bewundern zu dürfen. Wenn er weiter abwartete, würden die Richter in dieser Stadt fallen wie Blätter im Herbst.

Was hatte Shang Uchang in diesem Badehaus gemacht?, fragte sich Di. Er, der fast ununterbrochen seine Nase in seine unverständlichen Schriftstücke gesteckt hatte! Hatte er eine plötzliche Eingebung gehabt, die ihm einflüsterte, sich in das Wasser dieser wunderschönen Stadt zu stürzen? War es bloß ein verrückter Einfall gewesen?

Rund um das Becken verhörte er das Hauspersonal: Masseure, Köche, Wäscher und Diener, sämtlich kleinlaut und verstört; sie alle stellten sich entlang des Wassers auf, dessen ständige Auffrischung aus der Quelle darin endete, dass jede Spur von Blut gänzlich verschwand. Niemand hatte etwas gehört. Wie war das möglich? Um diese Tageszeit gab es noch wenig Gäste.

Der Alarm war erst ausgelöst worden, als eine Gruppe von Damen die Massagesalons verließ, um ein Bad in dem zinnoberroten Wasser zu nehmen. War es denn möglich, dass der Mörder und sein Opfer diesen Teil des Gebäudes betreten hatten, ohne dass sie von irgendjemandem gesehen worden waren? Di fragte sich, ob der Mord überhaupt hier verübt worden war. Er überließ das Personal wieder seinen Beschäftigungen und beschloss, die Umgebung zu erkunden.

Am Ende eines langen Ganges führte eine Tür nach draußen. Dieser sehr steile Teil des Hügels war Brachland. Dem Wasser folgend gelangte man flussaufwärts an einen ziemlich breiten Weg, der seitlich des Hanges verlief. Er ging zu Fuß weiter und begegnete dabei mehreren Badegästen beim Spaziergang. Nach einer Kurve hörte er plötzlich das Geräusch von Wasser, das immer ohrenbetäubender wurde. Der Pfad führte zu jenen Wasserfällen, die Tan ihnen vor einigen Tagen gezeigt hatte. Das Wasser stürzte von hoch oben herab in Becken, die von Geländern umgeben waren.

Als er nachdenklich auf die Oberfläche des Wasserspeichers starrte, bemerkte Di nicht weit vom Rand entfernt etwas, das sein Interesse erregte. Er sprang über den Zaun, krempelte einen seiner Ärmel hoch und tauchte seine Hand ins Wasser. Nachdem er einen Augenblick lang im Schlamm gewühlt hatte, zog er einen länglichen Gegenstand heraus. Auf seinem Handteller lag ein Schreibpinsel. Diese Art von Zubehör nahm man für gewöhnlich nicht auf einen Ausflug in die Natur mit. Er entsprach exakt dem soliden Modell erstklassiger Qualität, das die Verwaltung ihren Beamten empfahl.

Als er ihn umdrehte, sah er, dass die Vorderseite mit dem Wappenstempel eines Gerichts dieser Gegend verziert war. Ihm schien, dass dies genau der Stempel jenes Gerichts war, das Shang leitete. War ihm der Pinsel aus dem Ärmel gerutscht, als er sich über den Wasserfall gebeugt hatte? Aber vielleicht hatte Shang mehr getan, als sich nach vorne zu beugen? War es nicht möglich, dass er an dieser Stelle angegriffen worden war? Man konnte sich gut vorstellen, dass Leiche und Pinsel gleichzeitig in das Wasserreservoir gefallen waren …

Dass er hier und nicht im Badehaus angegriffen worden war, würde erklären, weshalb man keine ungewöhnlichen Geräusche gehört hatte. Blieb das Problem der Körpergröße. Wie hatte man die Leiche anschließend dorthin transportiert? Die Strecke war nicht gerade kurz und Shang musste ein beachtliches Gewicht aufweisen. Hatte man ihn auf ein Pferd oder einen Esel gebunden? Aber dabei wäre man doch fatalerweise Badegästen begegnet! Auf diesem Weg herrschte ein ständiges Kommen und Gehen von Spaziergängern, vor allem um diese Tageszeit. Mindestens fünfzehn Zeugen wären diesem merkwürdigen Lasttransport begegnet und hätten wohl kaum gezögert, die Vertreter der öffentlichen Ordnung zu benachrichtigen.

Außerdem: Falls er hier getötet worden war, wie konnte es möglich sein, dass kein Mensch den Mörder überrascht hatte? Er entdeckte einen Süßigkeitenverkäufer, der ihm verriet, dass er jeden Tag gegen Mittag hierherkomme; vorher halte sich praktisch kein Mensch an diesem Ort auf. Während des Morgens ziehe er es vor, sein Gebäck auf den Plätzen der Stadt zu verkaufen.

Diese Information stürzte Richter Di in Ratlosigkeit. Shang war nach dem Mittagessen gestorben. Wie hätte man ihn praktisch vor den Augen dieses Händlers oder anderer Badegäste töten können, ohne dass irgendjemand etwas davon mitbekam? Bei diesen Fragen zur Tatzeit gab es eine beunruhigende Merkwürdigkeit. Um sein Vorhaben umzusetzen, ohne dabei gesehen zu werden, hätte der Mörder unmittelbar vor dem Wasserfall einen Zaun oder Wandschirme errichten müssen. Nur so hätte er seine Tat begehen können, ohne Zeugen zu befürchten. Diese Vorstellung war jedoch absurd. Der Händler versicherte übrigens, nichts Derartiges bemerkt zu haben. Lediglich einige Fußgänger, Besucher auf Tragestühlen oder den Rücken von Eseln habe er gesehen. Nichts Ungewöhnliches oder Beunruhigendes. Man konnte es einfach nicht begreifen.

Di ging den Weg nachdenklich zurück. Er war noch vollständig in Gedanken versunken, als er erneut vor dem Badehaus ankam. Eine Haushälterin teilte ihm mit, dass fast alle seine Kollegen bereits gegangen waren. Der Schwiegersohn des Präfekten habe soeben aufgehört, das weibliche Personal zu verhören. Nur der „beleibte Herr" säße noch im Verköstigungssalon in seinem Sessel.

Tatsächlich entdeckte Di dort den guten alten Lo, der wieder einmal dem nie versiegenden Zauber der Reisweinflaschen verfallen war.

„Es ist Zeit zu gehen. Sie können sich später noch Ihrer Dichtung widmen“, sagte er zu ihm. Er schickte die Sänften zurück, damit Lo an der frischen Luft ein bisschen ausnüchtern konnte. Gemeinsam schritten sie in Richtung des Gerichts und tauschten dabei ihre Meinungen über den derzeitigen Stand des Falles aus.

„Zumindest kenne ich einen, der die Untersuchung nicht führen wird“, sagte Richter Di.

„Wer denn?“, fragte Lo.

„Der Schuldige natürlich! Folgen Sie denn dem Gespräch überhaupt nicht?“ Di blickte zum Himmel empor. Es war wirklich schwer, intelligente

Mitarbeiter zu finden.

„Irgendetwas macht jetzt jeden von uns verdächtig“, folgerte er dann. „Außer mir, wohlgemerkt. Ich stehe außerhalb jeden Verdachts.“

„Weil Sie wissen, dass Sie unschuldig sind“, mutmaßte Lo.

„Nein, sondern weil das so ist. Ich hätte niemals auf diese törichte Art gehandelt. Ich hätte nie etwas getan, das mich verdächtig gemacht hätte.“

Sie waren sich im Prinzip dennoch darin einig, dass es sich um das Verbrechen eines Fachmanns und nicht eines Anfängers handelte. Alles war wohlüberlegt, durchdacht und nach einem genau festgelegten Plan ausgeführt worden.

„Etwas ist sehr unangenehm an der Sache“, sagte Di. „Nämlich, dass so viele bedeutende Kollegen in einen Mordfall verwickelt sind …“

„Wir brauchen eigentlich nur darauf zu warten, dass der Posten vergeben wird“, meinte Lo.

„Dann werden wir den Schuldigen haben.“

„Ich sehe, dass Sie die einfachen Lösungen lieben. Ebenso könnten Sie der Verwaltung die Sorge überlassen, den Schuldigen mithilfe einer geworfenen Münze zu ermitteln. Ich mag den Zufall nicht sonderlich, er ist kein guter Ermittler. Darüber hinaus ergäbe sich dann ein neues Problem. Stellen Sie sich vor, es würde mich treffen! Mich, der ich unschuldig wie ein Lamm bin!“

Lo warf ihm einen unsicheren Blick zu. „Gewiss, gewiss“, murmelte er dann ausweichend.

Wieder zurück im Yamen schrieb Di ein paar Zeilen für den Leichenbeschauer. Er trug ihm auf, an der Leiche des Bezirksrichters eine höchst sorgfältige Autopsie vorzunehmen. Dann begab er sich in das Büro des Sekretärs und bat ihn, diesen Befehl dem Empfänger schnellstmöglich zu übermitteln. Er nutzte die Gelegenheit, die Zusammenfassungen aller Dossiers, die die Hauptstadt dem verstorbenen Tan übersandt hatte, schnell zu überfliegen. Dabei handelte es sich um vollständige Lebensläufe. Besonders interessierten ihn die Kategorien, in denen sich seine Kollegen für die literarischen Prüfungen qualifiziert hatten, sowie ihre abschließenden Bewertungen. Was er entdeckte, ließ ihn staunen.

Der Sekretär, der diesbezüglich auf dem Laufenden war, hatte seine eigene Theorie. Seiner Meinung nach war das Motiv beim verstorbenen Shang, der ja die größten Chancen gehabt hatte, den Posten des verstorbenen Tan einzunehmen, Neid gewesen. Deshalb empfahl er Di, konsequenterweise misstrauisch zu sein: Er sei ja der Nächste auf dieser Liste, dies mache ihn zu einem weiteren möglichen Opfer.

„Na dann wird sich, nachdem er uns alle umgebracht hat, der Überlebende schlicht selbst an die Spitze des Gerichts setzen“, schloss der Bezirksrichter, bevor er sich zurückzog. Er nahm sich indes vor, die Tür seines Zimmers während der kommenden Nacht mit einem schweren Stuhl zu verbarrikadieren.

XIII

Die Richter eröffnen eine außergewöhnliche Sitzung;
Lo veranstaltet ein kleines Fest.

Der Präfekt musste über den neuerlichen Todesfall benachrichtigt werden. Der Bote des Yamen wurde allmählich zu einer Art Todeschronist. Höflich fragten die Richter Mei Haodi, ob er wünsche, von der lästigen Pflicht der Erstellung von Todesnachrichten befreit zu werden, was sich ja mittlerweile in beständigem Rhythmus zu wiederholen schien. Der alte Bezirksrichter aber ließ erkennen, dass ihm diese Rolle perfekt zusagte. Es machte ihm nicht das Geringste aus, den Unglückspropheten zu spielen.

Weil die ganze Stadt mitgekriegt hatte, dass einer von ihnen in dem schwefelhaltigen Wasser den Tod gefunden hatte, wurden die Gerichtsfahnen auf Halbmast gesetzt; Banner verkündeten die offizielle Trauer der Verwaltung. Ein Schreiben erging an Shangs Bezirk, ein anderer Brief wurde in die Hauptstadt geschickt, um dem Justizministerium den zweiten Todesfall aus den Reihen der Beamtenschaft mitzuteilen. Sollte sich die Aufklärung des Falles verzögern, würde sicherlich in Chang-an ein Sonderermittler mit dieser Aufgabe betraut werden, was beklagenswerte Auswirkungen auf den Ruf der Richter hätte. Diesmal stand Dis eigene Selbstachtung auf dem Spiel – noch nie hatten diejenigen, die ihn ins Amt berufen hatten, aufgrund seines Versagens einen Ersatz schicken müssen.

Wie es schien, arbeiteten fünf Richter weniger effizient als ein einziger, ganz so, als würden sich ihre Maßnahmen gegenseitig aufheben, statt sich zu verstärken. Sie hatten die Leiche in den Tempel der vereinigten Harmonie und inneren Ruhe bringen lassen – mit der Anweisung, diejenige Anzahl von Gebeten zu sprechen, die für die Seelenruhe erforderlich war.

Selbstverständlich könne diese Ruhe erst dann erreicht werden, wenn der Mörder festgenommen, verurteilt und innerhalb der Stadtmauern hingerichtet worden war. Bis dahin würden die Manen ihres Kollegen durch die Vorstädte Pien-fus irren, wahrscheinlich in Form eines phosphoreszierenden Ektoplasmas[7] auf der Suche nach dem ewigen Frieden, den ihm allein die Justiz verschaffen konnte.

Kien Fang-te versicherte, dass sich Phänomene wie dieses fast jeden Tag abspielten. Ihm selbst seien im Rahmen einer öffentlichen Audienz mehrere besorgte Geister erschienen, die Vergeltung gefordert hätten, ganz zu schweigen von einem Opfer, dessen Seele in einem Spanferkel wiedergeboren sei, und verschiedener Küchengeräte, von Geistern beseelt, die ihre Ruhe aufgrund von irdischer Ungerechtigkeit nicht finden konnten.

Bei diesem Gespräch drehte sich Richter Di um und blickte verzweifelt gen Himmel. Lo war offenbar nicht der einzige, der Visionen hatte, doch der Dichter konnte seine wenigstens auf den Alkoholeinfluss schieben. Di hätte liebend gern zwei Münzen dafür gezahlt, der Anhörung des Tortenhebers und des Schweins beizuwohnen. Diese Art von Aberglauben musste Kien Fang-tes Anbefohlenen große Freude bereiten, sicher waren sie allesamt Liebhaber morbider Fantastereien.

Er folgerte daraus, dass die konfuzianische Kultur bei diesem Mann lediglich oberflächliche Fassade war: Sie hatte seinen Glauben an Wunder in keinster Weise geschmälert, den gewisse Leute als unauslöschliche Leichtgläubigkeit bezeichnet hätten.

Gegen Ende des Nachmittags beschlossen die Richter, das Gericht für eine außergewöhnliche Sitzung zu nutzen. Sie konnten die Nachforschungen unmöglich so fortsetzen, als wäre nichts geschehen: Vor der Öffentlichkeit musste ganz offiziell eine Untersuchung eröffnet werden.

Alle fünf nahmen gekleidet in ihre grünen Roben hinter einem Tisch Platz, der, wie bei Anhörungen üblich, mit einem roten

---

[7] Parapsychologischer Begriff (auch Teleplasma), der einen Stoff bezeichnet, der angeblich bei einem Medium aus den Körperöffnungen tritt (= Materialisation).

Tuch bedeckt war. Als Ältester hatte Mei den Vorsitz in ihrer Mitte eingenommen. Di musste anerkennen, dass er mit seinem weißen Bart und der Aura, die ihm seine wichtigen Ämter verliehen, sehr elegant aussah. Vor der Öffentlichkeit stellte er den Idealtypus des zuverlässigen Beamten dar – streng und pflichtbewusst. Di staunte immer wieder, wie sehr der äußere Eindruck täuschen konnte. Mei gab ein Zeichen, den Gong zu schlagen, um die Eröffnung der Sitzung anzukündigen.

Im Innern des Gebäudes drängte sich die Menge, angelockt von dem Mordgerücht. Eine bessere Werbung für ein Schauspiel, das noch dazu kostenlos war, konnte es nicht geben. Die Schergen mussten unzählige Leute abweisen, und dennoch war es unmöglich, die Tore zu schließen.

Mei verkündete ganz offiziell den Tod Richter Shang Uchangs während seines Besuches in Pien-fu, ohne dabei genauere Einzelheiten über die näheren Umstände des Ereignisses bekanntzugeben. Die Überraschung wurde noch gesteigert durch den zweiten Todesfall, den er verkünden musste, nämlich den von Tan Jinxuan, den amtierenden Bezirksrichter der Stadt.

Die Anwesenden stießen Rufe der Betroffenheit aus. Ein Geschäftsmann trat vor, um zu fragen, ob in der Stadt eine Epidemie ausgebrochen sei. Die Bewohner mutmaßten, dass man ihnen eine ansteckende Krankheit verschwieg. Die Richter tauschten untereinander verlegene Blicke aus: Wie sollte man erklären, dass „ihr Vater und ihre Mutter des Volkes“ erhängt aufgefunden worden war und sein Gast mit einen Dolch im Herzen? Mei beantwortete die Frage lakonisch damit, dass man die Annahme einer Epidemie zurückweisen könne.

Der Badehausbetreiber, bei dem man die Leiche gefunden hatte, befand sich im Hintergrund des Audienzsaales. Als er feststellte, dass der Name seines Betriebes nicht genannt worden war, gab er einen tiefen Seufzer der Erleichterung von sich. Er hatte sich bereits einen beachtlichen Geschäftsrückgang aufgrund in Panik geratener Badegäste ausgemalt, wenn erst überall die Neuigkeit verbreitet wurde, dass man nicht mehr nach Pien-fu und speziell zu ihm gehen solle, außer man wolle dort unter mysteriösen Umständen sein Leben lassen.

Das Oberhaupt der Gerichtsschergen teilte mit, dass der Leichenbeschauer bereitstehe, um Bericht zu erstatten. Mei entschied, ihn unverzüglich eintreten zu lassen. Richter Di sah, wie sich der alte Arzt näherte und erkannte in ihm denjenigen, den er am Morgen zuvor aufgesucht hatte. Der greise Mann war so gewissenhaft vorgegangen, wie Di es vermutet hatte. Nachdem er eine ausführliche Untersuchung vorgenommen hatte, war er zu dem Ergebnis gelangt, dass Shangs Lungen vollständig mit Wasser gefüllt waren. Seiner Meinung nach gab es dafür nur zwei plausible Erklärungen: Entweder hatte das Opfer noch geatmet, als es nach dem Messerstich ins Herz in das Becken geworfen worden war oder aber es war ertränkt worden, bevor man es erdolcht hatte. Das Herz sei mit einen Stich von außergewöhnlicher Wucht durchbohrt worden, so sauber und einwandfrei ausgeführt wie von einem Schlachter. Konnte Shang noch geatmet haben mit dieser Waffe, die durch die Vorhöfe und Kammern seines Herzens gedrungen war? Dies war wenig wahrscheinlich, um nicht zu sagen, unmöglich. Di dachte darüber nach, dass dieses Detail die These bestätigte, dass der Mord in dem Becken am Wasserfall geschehen sein musste: Man hatte den Richter ertränkt, um ihn dann sofort ins Badehaus zu schaffen. Aber warum wollte man den Eindruck erwecken, dass der Schauplatz des Verbrechens das Heiß-Wasser-Bad gewesen war? Um die Entdeckung der Leiche zu verzögern? Um Spuren zu verwischen? Um die Bezirksrichter in Schwierigkeiten zu bringen? Was auch immer der Grund gewesen sein mochte, dieser Mord war das Werk eines undurchschaubaren Geistes.

Das Zeugnis des Leichenbeschauers hatte zumindest den Vorteil, dass dadurch auch die letzten Zweifel der Bewohner von Pien-fu ausgeräumt waren, dass es sich womöglich um eine Epidemie handeln könnte. Jetzt wusste jeder, dass bei dem Badehausbetreiber ein Verbrechen verübt worden war. Jener hatte seine Kappe auf den Boden geworfen und raufte sich die Haare. Wer würde nun noch im selben Wasser baden wollen, in dem eine blutüberströmte Leiche gelegen hatte, außer vielleicht einigen dunklen Subjekten, die das Makabre liebten?

Der Arzt holte aus seinem Ärmel das Messer hervor, das man aus der Brust des Toten gezogen hatte, und überreichte es mit beiden Händen und in respektvoller Haltung den Richtern, wie es üblich war. Die Betrachtung der kunstvoll gearbeiteten Waffe erinnerte Richter Di an etwas. Er bat um Erlaubnis, sie an sich nehmen zu dürfen, was man ihm ohne Weiteres gestattete. Seine Kollegen beäugten den Gegenstand mit großem Abscheu bei der Vorstellung, wie damit die düstere Tat verübt worden war.

Mei gebot erneut, den Gong zu schlagen: Die Audienz war damit geschlossen. Die Richter zogen sich zurück, während das Publikum den Saal verließ und dabei Ansichten über diese außergewöhnlichen Ereignisse austauschte, die sich in dieser Stadt abgespielt hatten, in der bisher die Bestrafung einer untreuen Ehefrau genügend Skandalstoff für sechs Monate geliefert hatte.

Seit er das Gericht verlassen hatte, inspizierte Di die Säle des Yamen und überprüfte die darin ausgestellten gesammelten Waffen. Wie er befürchtet hatte, fehlte in einem Schrank aus lackiertem Holz ein Dolch. Er holte nun aus seinem Ärmel jenen hervor, der in Shangs Brust gesteckt hatte, und stellte fest, dass er genau in die Lücke der Ausstellung passte. Da führten ihn die Ermittlungen nun also doch wieder in den Yamen zurück! Shang war mit einer Klinge umgebracht worden, die er tagtäglich seit ihrer Ankunft vor der Nase gehabt hatte.

In dieser strengen Zeit der Trauer war der Bankettsaal wenig beleuchtet, der ihnen nun außerdem zu groß erschien. Die fünf Überlebenden warfen sich böse Blicke zu, und jeder fragte sich, welcher der anderen ihm selbst am meisten schaden konnte.

Der Hofmeister trat ein und wechselte einen bedeutungsvollen Blick mit Lo. Er zog den Vorhang zur Seite. Drei Diener kamen herbei, um zusätzliche Fackeln anzuzünden. Die Flammen zuckten ziemlich hoch, bis über die bronzenen Leuchter hinaus.

„Zu wessen Ehren gibt es diese aufwändige Beleuchtung?", fragte Mei zwischen zwei Krabbenbällchen mit Ingwer. Im Hintergrund des Raumes brachten sich nun Musiker in Position. Zur großen Überraschung der Gäste tauchte unverhofft eine Gruppe Tänzerinnen in eng anliegenden Blusen auf. Sie vollführten ihre graziösen Bewegungen vor den verblüfften Augen der Bezirksrichter, die nun begriffen, dass Lo die alberne Idee gehabt hatte, diese hübschen Damen zu ihrer Zerstreuung zu engagieren. Kien schätzte die Aufführung mit Kennerblick. Er war der Einzige. „Sie sind noch nicht mal auf den Posten berufen, Lo, und schon verschwenden Sie das Geld dieser Residenz!“, schimpfte Mei, der sich immer mehr wie ihr Zensor aufführte. „Mitten in der Trauerzeit, das ist geschmacklos!“

Kien setzte ein strahlendes Lächeln auf: „Aber aber, lieber Vor-uns-geborener-Bruder! Lo hat recht! Er versteht zu leben, dieser Mann; er ist der Weiseste von uns allen. Man darf sich diese Ereignisse auch nicht zu sehr zu Herzen nehmen. Wir brauchen dringend Abwechslung. Von den angebotenen Vergnügungen dieser guten Stadt haben wir nicht allzu viel gehabt.“

„Zwei Morde! Genügen Ihnen die nicht als Abwechslung?“, fragte Mei. „Brauchen Sie noch einen dritten?“

Als die Tänzerinnen fertig waren, schlug Lo zur Entspannung noch einen kleinen Dichterwettstreit vor. Dao-Li fand, dass der Anstand ihrem Freizeitbedürfnis nun doch Grenzen setzte: „Wir werden uns an einem anderen Tag betrinken, Lo“, entgegnete er grob und bedeutete den Musikern durch ein Zeichen, sich zurückzuziehen.

Kien unterbrach das unheimliche Schweigen, das der Musik folgte, um zu fragen, ob es Neuigkeiten im Hinblick auf den kleinen Bastard gebe, von dessen Existenz er sie am Vorabend unterrichtet hatte. „Das ist doch jenes Kind, das ich Sie in den Yamen habe bringen sehen!“, rief Lo und blickte Richter Di fragend an.

Dao-Li wunderte sich, dass sich die Geschichte jenes aus einem Ehebruch hervorgegangenen Kindes nun als wahr herausstellte. „Wo kämen wir da hin, wenn wir jeden Klatsch überprüfen müssten?“, brummte er im Ton eines Menschen, der sich niemals dazu herablassen würde, außerhalb eines gewissen auserwählten Milieus zu ermitteln. Kien zeigte sich überrascht, dass man am Schicksal eines Jungen von solch beschämender Geburt derart Anteil nahm, wo es doch so viele davon gab.

Mei lachte hämisch. „Sicher", trumpfte er in verletzendem Tonfall in Richtung des Präfekten-Schwiegersohns auf. „Wenn sich gewisse Leute um all ihre unehelichen Kinder kümmern würden, die sie auf ihrem Weg gezeugt haben, wäre ihr Haus vermutlich überfüllt."

Der gute Kien tat so, als habe er nichts gehört.

Mit übertriebener Sorgfalt ergriff er halbherzig mit seinen Stäbchen ein klebriges Reisbällchen und führte es an seinen verwöhnten Mund, ohne ihn im Geringsten zu verziehen. Di verspürte das Bedürfnis, sein mildtätiges Handeln zu rechtfertigen. Er erklärte, dass es ihm unmöglich gewesen sei, diese Waise ihrem traurigen Schicksal zu überlassen, ein Kind, das alles in allem auf dieser Erde lediglich zwei Puppen aus Chiffon und ein Etui aus Seide besaß. Seine Stellung als Beamter habe von ihm diese moralische Pflichterfüllung gefordert, wobei sie sicher genauso empfindsam reagiert hätten wie er. In Wirklichkeit war nichts weniger sicher als das.

Di verkündete, dass er der Ansicht gewesen sei, das Richtige getan zu haben, indem er den Gerichtssekretär mit der Aufgabe betraut habe, die Betreuung und sorgfältige Ausbildung des Jungen zu übernehmen.

Die Mahlzeit verlief von nun an in bedrückendem Schweigen, was ohne Frage mehr Ratlosigkeit als Zustimmung ausdrückte.

XIV

Ein Kind wird Opfer eines Anschlags;
Richter Di sucht nach einem Etui.

Als sie vom Tisch aufstanden, war die Nacht hereingebrochen. Wieder in seinem Zimmer stellte Di fest, dass er vergessen hatte, sich im Pavillon des Verbrechens die Vorhänge zu beschaffen. Durch das offene Fenster drangen die Düfte des Gartens herein. Er stützte sich auf und war glücklich, die Ruhe und den Frieden der Natur genießen zu können. Sie boten ihm ein angenehmes Gegengewicht zu all den menschlichen Aufregungen. So träumte er geraume Zeit vor sich hin, als er plötzlich einen Schatten sah, der zwischen den Büschen herumschlich. Der Mann, der sich dort auf leisen Sohlen bewegte, konnte weder ein Scherge noch ein Diener sein und noch viel weniger ein Bezirksrichter, der einen Verdauungsspaziergang unternahm. Diese Erscheinung an einem Ort, an dem bereits ein Mord und zahllose zwielichtige Delikte begangen worden waren, erschien ihm höchst verdächtig. Er beschloss daher hinunterzusteigen, um aus der Nähe zu beobachten, was dort vor sich ging.

Er fand den Garten ruhig und vor allem ohne ein menschliches Wesen darin vor. Zurück von seinem Rundgang durchquerte er gerade die Vorhalle, als er einen sehr kurzen Schrei vernahm, dem ein Geräusch folgte, das auf einen Sturz schließen ließ. In aller Eile begab er sich in Richtung des Lärms. Dieser Teil des Palastes glich einem Labyrinth aus Gängen. Von der Dunkelheit irritiert, schritt er voran, ohne irgendetwas zu finden; und schließlich hatte er sich verlaufen.

Sein Fuß stieß gegen etwas Weiches. Da lag jemand auf dem Rücken. Er entzündete eine Laterne, die er auf dem Boden fand und sah, dass es sich um einen Diener handelte. Richter Di legte zwei Finger an die Kehle des Unglücklichen: Die Vene pochte noch, es gab keinerlei Blutspuren, er war lediglich benommen. Irgendjemand war offenbar in das Haus eingedrungen und schlug dabei ohne zu zögern jeden nieder, der ihm in die Quere kam.

Dann hörte Di plötzlich eine weibliche Stimme, die um Hilfe rief. Die Schreie kamen aus dem Flur, auf dem die Dienerschaft untergebracht war. Er beeilte sich, dorthin zu gelangen, doch vorher musste er noch mehrere verlassene Gänge hinter sich bringen. Konnte es sein, dass er der Einzige war, der in diesem labyrinthischen Haushalt nicht tief und fest schlief?

Als er an einer Säule vorbeikam, wäre er beinahe mit der jungen Dienerin im Nachtkleid zusammengestoßen, die in entgegengesetzter Richtung herbeistürmte. Vom Laufen und der Aufregung fast völlig außer Atem erklärte sie ihm mit wenigen Worten, was sie so erschreckt hatte. Geweckt von einem ungewöhnlichen Geräusch sei sie aufgestanden. Dann habe sie einen maskierten Mann gesehen, der ein Zimmer betreten wollte – es war das Zimmer, in dem das Kind schlief, das der Richter ihr anvertraut hatte. Sie habe zu einem Wachtposten laufen wollen, doch niemanden angetroffen. Zweifellos waren sie auf Patrouille im hinteren Teil des Parks oder entlang der Umgrenzungsmauer. Der Richter gebot ihr, ihm die Stelle zu zeigen, an der sie den Eindringling gesehen habe. Er bedauerte, sich mit keiner Waffe ausgestattet zu haben, als er sein Zimmer verließ. Im Vorbeigehen ergriff er daher einen schweren Leuchter, der ihm eventuell nützlich sein konnte.

Der obere Treppenabgang führte zu einem schmalen Flur mit einer großen Anzahl von Alkoven, die alle mit Bambusvorhängen verschlossen waren. Die Dienerin zeigte auf einen davon. Richter Di zögerte plötzlich einen Moment. Was war zu tun: Sollte er zum Eingang zurückkehren, um Hilfe zu holen, oder den Vagabunden selbst vertreiben? Er überlegte noch, als ein großer, dunkel gekleideter Kerl den Vorhang beiseiteschob und direkt vor seiner Nase stand. Die Haare und der untere Teil des Gesichts waren mit einem schwarzen Tuch verhüllt. Di bemerkte jedoch, dass es sich bei dieser Gestalt um dieselbe handelte, die er als Schatten im Park unter seinem Fenster gesehen hatte. Der Mann trug unter dem einen Arm Tans kleinen Sohn, den er geknebelt hatte. Die Dienerin reagierte am schnellsten.

Als sie das Kind sah, stieß sie den Schrei einer Wölfin aus. Die Frau warf sich auf den Fliehenden und klammerte sich verzweifelt an die Füße des Jungen, gleichzeitig rief sie um Hilfe. Nun wurden auch die anderen Bambusvorhänge beiseitegeschoben, hinter denen verschlafene und verblüffte Frauen sichtbar wurden, die sich fragten, was da los war. Von dieser Seite war keine Hilfe zu erwarten, die Männer schliefen in einem anderen Stockwerk.

Di beschloss, dazwischen zu gehen und hob einen Arm, um den Zugang zur Treppe zu blockieren. Ohne zu zögern, versetzte ihm der Mann einen Fußtritt in den Magen, und der Richter krümmte sich vor Schmerzen, wobei er seinen schlechten Einfall verfluchte. Der Einbrecher stürzte zum Treppenabsatz. Di, der nicht imstande war, sich aufzurichten, konnte dennoch sehen, wie die Dienerin eine schwere Porzellanvase hochhob. Sie beugte sich über das Geländer und schleuderte sie auf den Räuber. Die Frau traf ihn am Schädel und er taumelte benommen, das Kind fiel auf den Boden.

Di schleppte sich mehr schlecht als recht zur Treppe. Er kam noch rechtzeitig, um zu bezeugen, wie der Einbrecher entkam, der seine Last zurückgelassen hatte, die sich sogleich in den Armen der Dienerin wiederfand. Sie hatte kaum den Knebel entfernt, als der Junge schon heftig zu brüllen und zu weinen anfing. „Wenigstens werden diese Tiefschläfer jetzt endlich mitbekommen, dass hier etwas passiert ist“, dachte der Richter. Er zögerte noch, ob er sich seinen schmerzenden Bauch massieren oder aber die Ohren zuhalten sollte.

Bald darauf stolperten drei Schergen herbei, die Waffen in den Fäusten. Di erklärte ihnen, dass er soeben einen Räuber in die Flucht geschlagen habe. Dieser habe die Residenz zweifellos noch nicht verlassen: Es sei daher nötig, die ganze Umgebung zu durchkämmen.

Nun begann eine intensive Suche, die sich über den gesamten Palast erstreckte. Begleitet vom Lärm ihrer Schritte untersuchten die Wachen jedes Zimmer, jeden Hof, doch ohne Erfolg. Richter Di folgte ihnen so gut er konnte auf Schritt und Tritt. Dabei stießen sie immer öfter auf die Bewohner des Yamen, die wegen des Radaus ihre Betten verlassen hatten, was natürlich die Jagd auf den Mann nicht gerade vereinfachte. Als sie in den Gästetrakt kamen, lief Di in seine Gemächer, um sich eine Waffe zu besorgen.

Dabei sah er, wie Kien Fang-te im Nachthemd halb seine Tür öffnete, um zu fragen, was dieses ständige Hin und Her zu bedeuten habe, mit dem man selbst Tote aufwecken konnte. Als Di in seinem Zimmer war, entriegelte er eine Truhe und entnahm ihr sein Schwert Regendrachen, eine Waffe aus dem Familienbesitz, solide gearbeitet und wirksam genug, auch den kühnsten Einbrecher in die Flucht zu schlagen. Er fühlte sich nun wieder sicher und dazu in der Lage, dem Eindringling seinen respektlosen Fußtritt heimzuzahlen. Di sprang in den Gang hinaus, indem er drohend sein Schwert schwang, bereit, sich dem Angreifer zu stellen, falls er das Glück haben sollte, dessen Spur wiederzufinden.

Mei öffnete seine Tür genau in dem Moment, als Di seinen Säbel zückte und die Klinge über seinem Kopf herumwirbelte. Der alte Bezirksrichter, der eine Nachtkappe trug, stieß einen verblüfften Schrei aus und legte eine Hand auf seine Brust:

„Oh, Mörder! Trampel! Ich sehe, dass all das, was man über Sie sagt, Di, der Wahrheit entspricht! Glauben Sie, dass Sie sich in einer Waffenkammer befinden? Ich hatte ja fast einen Herzanfall! Trainieren Sie doch woanders! In einem der anrüchigen Nachtlokale, die sie doch für gewöhnlich so gern aufsuchen. Und hören Sie auf, so viel Lärm zu machen! Anständige Leue schlafen um diese Zeit, wissen Sie!“

Der alte Richter knallte seine Tür nach einer letzten Beleidigung zu, die glücklicherweise nicht mehr zu hören war. Da erregte ein anderer Ruf die allgemeine Aufmerksamkeit: „Hierher!“, schrie jemand, „ich habe ihn!“

Di und die Schergen rannten in den nächstgelegenen Hof. Lo, der in aller Eile eine gut gepolsterte Robe übergestreift hatte, wies auf einen Winkel, der im Dämmerlicht lag. Er hatte eine verdächtige Silhouette wahrgenommen und wollte die Gestalt in die Ecke drängen, in der Hoffnung, sie dort fassen zu können.

„Er sitzt in der Falle", brüllte der Anführer der Schergen. „Nähert euch von der anderen Seite, er kann uns nicht entwischen!" Beim Vorwärtstasten sahen sie, wie Dao-Li, eine Laterne in der Hand, aus der Dunkelheit auftauchte, empört darüber, dass man ihn für einen gemeinen Räuber hatte halten können. Er erklärte, gleichfalls dem Verbrecher nachgestellt zu haben, als ihn sein Kollege verwechselte.

„Bravo, Lo", meinte er dann. „Sie haben unsere tapferen Verteidiger in die Irre geführt! Ich beglückwünsche Sie zu diesem brillanten Schachzug!"

„Es war Ihr Fehler, denn Sie haben beschlossen, sich abseits von uns auf die Suche zu machen", erwiderte der Dichter gekränkt.

„Wir sollten bei unseren Bemühungen gemeinsam an einem Strang ziehen, wenn wir den Burschen am Kragen packen wollen", sagte Richter Di. „Es ergibt keinen Sinn, wenn jeder von uns seinen eigenen Kampf führt und dabei in Panik verfällt."

Nun erschien Kien Fang-te unten an der Treppe. Er hatte sein elegantes Nachthemd, das mit einem Chrysanthemen-Motiv bestickt war, nicht ausgezogen. „Also wirklich!", empörte er sich. „Wie kann ein einzelner Mann einer ganzen Garnison entwischen? Sie sind auch zu nichts nütze, meiner Treu!"

Di antwortete, dass eben weil ihr Feind allein sei, er die Oberhand gewonnen habe: Er schleppe keine Gruppe von Richtern hinter sich her, die noch halb schliefen und allenfalls imstande waren, einander Knüppel zwischen die Beine zu werfen. Gewiss habe sich der Mann davongeschlichen wie ein Aal. Mal entdeckte man ihn an einem Ende des Gebäudes, dann aber wieder in einem anderen Trakt, und die Gruppe rannte ohne Sinn und Verstand hierhin und dorthin. Di blieb stehen, um kurz zu überlegen. Ihre Taktik war zu überstürzt, das war ihrem Erfolg abträglich. Er fragte sich, ob es sich nicht sogar um mehrere Einbrecher handelte. Dies hätte ihre Verwirrung erklärt und die vielen Laufgeräusche, die man von überallher vernahm.

Ein Diener erschien, um die Nachricht zu überbringen, dass der Gerichtssekretär in seinen Privaträumen angegriffen worden sei. Da hatte Di eine Erleuchtung und so lief er in dessen Büro. Wie er befürchtet hatte, war die Tür weit geöffnet. Der Raum war buchstäblich auf den Kopf gestellt worden. Dies bestätigte die Vermutung, dass es mehrere Angreifer gewesen sein mussten: Während Di im Nebengebäude gekämpft hatte, war der Sekretär von anderen angegriffen worden, und wieder andere hatten das Arbeitszimmer gefilzt. Sie hatten sich also die Arbeit geteilt. Im Gegenzug folgten die Verteidiger mit gesenkten Köpfen wie eine Herde Schafe falschen Spuren.

Als er mit dem Schwert in der Hand auf der Suche nach den anderen erneut den Vorraum durchquerte, stolperte Di über seine rechte Hand. Miao Dai war aus der Stadt zurückgekehrt, er war etwas beschwipst und wirkte schläfrig.

„Eure Exzellenz amüsieren sich auch?", fragte er mit schwerer Zunge. „Lassen Sie mir bitte einen Augenblick Zeit, um mein Schwert zu holen, dann können wir ein bisschen fechten!"

Di sagte sich, dass die Einbrecher inzwischen gewiss dabei waren, die Residenz zu verlassen und zwar wahrscheinlich nicht durch den offiziellen Eingang, der eventuell verbarrikadiert und bewacht war, falls man überhaupt so schnell geschaltet hatte. Zweifellos würden sie auf demselben Weg fliehen, auf dem sie gekommen waren: durch den Park. Er begab sich daher dorthin, sein Hauptmann folgte ihm auf dem Weg ins Ungewisse.

„Wollen Eure Exzellenz ein Wettrennen veranstalten?", fragte er dann und bemühte sich, geradeaus zu gehen. Der Richter behielt recht. An der Gartenmauer stießen sie auf eine kleine Gruppe von maskierten Männern, die gerade auf eine Leiter steigen wollten.

„Im Namen der Macht, die mir Seine kaiserliche Majestät verliehen hat", rief er in martialischem Ton, „verlange ich von euch, dass ihr euch meiner Autorität ergebt!" Dann fiel ihm ein, dass er keine Uniform trug und seine Verwarnung in diesem vom Mond beschienenen Gestrüpp recht seltsam klingen musste.

Die Einbrecher reagierten entsprechend: Sie zogen kurze Schwerter aus ihren Scheiden, die Richter Di nicht bemerkt hatte. Er stellte in diesem Moment fest, dass ihre Anzahl für sie sprach. Dazu kam, dass Miao Dai, ungeachtet seines volltrunkenen Zustandes, unbewaffnet war.

Der Hauptmann brach einen niedrighängenden Zweig ab, um sich damit vor den sicher lich bald über sie hereinprasselnden Schläge zu schützen. Tatsächlich entspann sich ein Kampf. Zu ihrem Glück waren die Herumtreiber vor allem bemüht, möglichst schnell zu entkommen. Einige von ihnen kletterten auf die Leiter, während die anderen ihnen den Rücken freihielten. Obwohl er guten Willens war, war Miao Dai keine große Hilfe: Der Alkohol und die Müdigkeit lähmten seine Arme. Di bekam dies am ganzen Körper zu spüren. Immerhin gelang es ihm, sich mit einem Fußtritt bei dem Erstbesten, mit dem er es zu tun bekam, zu revanchieren. Das genügte ihm, um einen Teil seiner Selbstachtung wiederherzustellen, die bei dem Tritt in die Magengegend sehr viel mehr gelitten hatte als sein Magen. Nicht destotrotz konnten seine Anstrengungen nicht verhindern, dass sämtliche Gegner die Mauer schließlich erklommen. Di krallte sich den Letzten von ihnen, konnte ihn jedoch nicht festhalten und fiel auf sein Gesäß. Die einzige Trophäe, die er in den Händen hielt, war ein alter Schuh aus grauem Leinen.

„Eure Exzellenz verstehen es, sich zu amüsieren", sagte Miao Dai, der sich über diese unerwartete Abwechslung ordentlich freute. „Darf ich Sie einladen, jetzt am Fuß der Wasserfälle ein Bad zu nehmen?"

Di dachte, dass dies ein guter Moment wäre, ihn mit dem Schwert zu durchbohren. Den Mord hätte er ohne Probleme den Räubern in die Schuhe schieben können. Nachdem dieser Impuls verpufft war, sagte er sich, dass diese Stadt alles in allem doch noch interessant zu werden begann. Man konnte zum Beispiel des Nachts sportlicher Betätigung nachkommen, noch dazu an der frischen Luft – vielleicht hatte er endlich Vernunft angenommen und würde sich doch noch um diesen Posten bewerben. Wenn man einmal die spießige Seite ausklammerte, war Pien-fu auch nicht weniger verdorben und korrupt als jede andere Stadt.

Sie trafen am Eingang des Gebäudes wieder auf die völlig ratlosen Schergen. Di verkündete ihnen, dass ihre Gegner es nach einem verbissenen Kampf geschafft hätten zu entkommen. Nun war es an der Zeit, reiflich nachzudenken. Was hatten die Männer hier gesucht? Warum hatten sie sich auf ein schutzloses Kind gestürzt?

Di kehrte in den Dienstbotentrakt zurück. Die Dienerin hatte den Jungen auf ihrer eigenen Matte schlafen gelegt. Der Richter nutzte die Gelegenheit, um einen Blick in ihr Zimmer zu werfen. Im Schein seiner Laterne stellte er fest, dass der kleine Raum durchwühlt worden war, Spielsachen und Kleider lagen zerstreut auf dem Boden. Dies bestätigte ihm, dass die Entführung nicht das eigentliche Ziel des Unholds gewesen war: Er war nur aus dem Grund dazu übergegangen, weil er das, was er suchte, nicht gefunden hatte.

Der Junge war noch immer zu traumatisiert, um zu sprechen. Zweifellos hatte der Mann beschlossen, ihn mitzunehmen, um ihn dann in aller Ruhe zu befragen. Dieser Teil seines Plans war mehr oder weniger improvisiert gewesen, deshalb war er wohl auch gescheitert.

Di suchte nach dem Bindeglied zwischen dem Entführungsversuch und dem Überfall auf den Sekretär. Und wenn sich dabei nicht um einen Zufall gehandelt hatte? Hatten die beiden Ereignisse vielleicht irgendetwas miteinander zu tun? Gab es einen Zusammenhang mit diesem unehelichen Nachkommen? Irgendeine Erbschaftsgeschichte?

Wieder kehrte er in das Zimmer der Dienerin zurück. Als er die junge Frau zu befragen begann, legte sie einen Finger auf ihre Lippen: Der Junge war gerade dabei einzuschlafen, die Aufregung hatte ihn erschöpft. Als sie dann beide im Gang standen, fragte er sie, ob der Junge noch irgendetwas gesagt habe, bevor er eingeschlafen sei.

„Er hat mir gesagt, dass der ‚böse Mann' sein Schwert gezogen und ihm befohlen hat, ihm zu verraten, wo sich ‚das Dokument' befindet. Das Kind hat nichts verstanden und sowieso zu große Angst gehabt, den Mund aufzumachen. Also hat dieser niederträchtige Rohling den Jungen geknebelt, um ihn mitzunehmen. Ich wage nicht, mir vorzustellen, was mit ihm passiert wäre, wenn Eure Exzellenz nicht in diesem Augenblick gekommen wären!"

Di fragte sich, um was für ein Dokument es sich da handeln mochte. Kinder in seinem Alter besaßen wohl kaum welche, und dieses hier konnte noch nicht einmal lesen und schreiben. Ein Bild tauchte vor seinem inneren Auge auf: Man hatte es zweifellos auf die Rolle abgesehen, die zwischen den Puppen und der bescheidenen Kleidung des Jungen aufgetaucht war. Er untersuchte den Inhalt des kleinen Zimmers von Neuem: Das Seidenetui war eindeutig verschwunden.

Nun ließ er sich zeigen, in welcher Richtung die Zimmer des Sekretärs lagen, erlaubte der Dienerin, schlafen zu gehen, und begab sich dorthin. Noch immer etwas benommen von dem Angriff auf seine Person erholte sich der Sekretär langsam wieder inmitten eines Schwarms aufmerksamer Damen, die ihm Trost spendeten und ihn umsorgten. Um seinen Kopf, der einen Schwerthieb mit der flachen Seite abbekommen hatte, war ein feuchtes Tuch gewickelt. Seine Truhen waren umgestoßen und die Regale über den Boden verstreut. Er begriff überhaupt nicht, was da gerade geschehen war.

„Haben Sie dem Kind heute Nachmittag ein Seidenetui abgenommen?“, fragte der Bezirksrichter besorgt. Der Sekretär antwortete, dass er das Etui sehr wohl bemerkt habe, da der Junge es hüte wie einen Schatz von unschätzbarem Wert. Doch er habe nicht einmal daran gedacht, es ihm so kurz nach seiner Ankunft im Hause wegzunehmen. Der Richter schloss daraus, dass die Einbrecher vermutlich auch in dieser Hinsicht gescheitert waren. Wo konnte diese vermaledeite Rolle nur stecken?

„Können Sie gehen?“, fragte er nun. „Ich möchte gern, dass Sie mir zeigen, was Sie den gesamten Tag lang mit dem Jungen gemacht haben.“

Zum Bedauern der ihn umgebenden Frauen erhob sich der Sekretär, wenn auch so langsam wie ein Schwerverwundeter. Er führte den Richter in eine Ecke des Gartens mit kurz geschnittenem Gras. „Ich habe ihn zunächst eine oder zwei Stunden hier spielen lassen, in der Hoffnung, später Zeit dafür zu haben, mich mit ihm zu beschäftigen.“

Richter Di inspizierte den Ort schnell und gründlich, konnte aber nichts Interessantes entdecken.

„Dann habe ich ihn mit ins Archiv genommen für seine erste Stunde Schreibunterricht“, fuhr der Sekretär fort.

Als sie dort angelangt waren, fiel ihm noch ein weiteres Detail ein. Das Kind hatte, fasziniert von den vielen Papieren, die es dort sah, aus seinem Etui jene Rolle hervorgeholt, um sie ihm zu zeigen. Der neue Lehrer hatte sie, jedoch ganz eingenommen von seinen pädagogischen Bemühungen, so gut wie nicht beachtet.

Richter Di stieß einen Freudenschrei aus: Das Etui lag unter dem Tisch. Doch leider war es leer. Di war nahe daran zu verzweifeln und machte sich bittere Vorwürfe: „Wenn ich nur daran denke, dass ich diesen Gegenstand praktisch in den Händen gehalten habe und damit vielleicht die Erklärung für dieses ganze Drama!“

„Vielleicht darf ich mir eine Bemerkung erlauben“, sagte der Sekretär. „Ich bezweifle, dass diese Schurken den Inhalt gefunden haben.“

Er erklärte, dass er den Jungen, der Schwierigkeiten gehabt habe, sich zu konzentrieren, dabei beobachtet habe, wie er mit Pergamentblättern gespielt habe. Unordentlich wie die meisten Kinder dieses Alters hatte er sie sicherlich nicht wieder aufgeräumt. Er hatte sie möglicherweise achtlos irgendwo hineingleiten lassen. Der Sekretär wies mit einer vagen Geste auf die Mauer an Papieren, die vor ihnen errichtet war. Die Regale, eindrucksvoll, massiv und undurchdringlich, erhoben sich bis zur Decke wie ein Festungswall zwischen ihnen und der Lösung dieses Falles. Falls sich die Rolle unter diejenigen des Gerichts verirrt haben sollte, war sie in dieser Regalwand ebenso sicher wie eine Ameise in ihrem Ameisenhaufen.

Um sie zu finden, versuchte Di, sich in den Jungen hineinzuversetzen. Der war vermutlich von den untersten Regalen angezogen worden, denjenigen, die sich in seiner Reichweite befanden, außerdem hatten es ihm dabei wahrscheinlich die buntesten Kisten angetan. Auf der Suche nach alten Dokumenten, unabhängig von den Beschriftungen der Deckel und Blätter, hatte er ein Dutzend geöffnet. Papiere, die sehr lange Zeit eingerollt gewesen waren, lagen auf einem Stapel, der einen uninteressanten Katasterfall enthielt. Di schöpfte Hoffnung, dass seine Bemühungen belohnt werden könnten.

Er nahm die Seiten an sich, als handelte es sich dabei um einen Vertrag mit dem Himmel oder einen kaiserlichen Brief, den Seine Majestät persönlich unterschrieben hatte, und breitete sie auf dem Tisch aus, um sie mit größter Sorgfalt zu prüfen. Als er den Inhalt zur Kenntnis genommen hatte, legte er die Dokumente wieder an ihren ursprünglichen Ort in der Kiste mit den Katasterunterlagen zurück und ordnete diese in der Mitte des Regals ein, wobei er sich genau die entsprechende Nummer einprägte. Dies erschien ihm die beste Lösung, um ein erneutes Verschwinden zu verhindern.

Die Lektüre machte ihn nachdenklich. Sie bedeutete viel und sehr wenig zugleich. Denn es fehlte ihm ein Schlüssel, um die Bedeutung dieser Texte zu dechiffrieren. Er spürte genau, dass diese Seiten einen immensen Wert für diejenigen darstellen, die sie haben wollten; für einen Unbeteiligten wie ihn waren sie dagegen von äußerster Banalität. Einiges daran ließ entfernte Erinnerungen an seine Jugend lebendig werden.

Er bedankte sich bei dem Sekretär für die wertvolle Mitarbeit und kehrte in seine Gemächer zurück. Sein Kopf war voll mit den seltsamen Puzzleteilchen, die er soeben zusammengetragen hatte.

XV

Die Richter verstärken ihre Schutzmaßnahmen;
Richter Di vereitelt einen Beschattungsversuch.

Di nahm gerade seinen Morgenreis zu sich, als Lo ohne anzuklopfen in sein Zimmer stolperte. „Wissen Sie schon das Neueste?", rief der Dichter, als wäre es im Kaiserreich über Nacht zu einem Dynastiewechsel gekommen.

Di erwartete nun eine regelrecht verblüffende Enthüllung, ganz nach der Art eines Jahrmarktstheaters mit Dämonen, Nebelschwaden, Blitzen und anderen wunderbaren Effekten. „Mei ist überzeugt, dass ein Verrückter geschworen hat, uns einen nach dem anderen zu beseitigen, was seiner Meinung nach der Überfall heute Nacht auf uns alle bewiesen hat!"

„Das eine hat mit dem anderen absolut nichts zu tun", entgegnete Richter Di und fischte mit den Enden seiner Stäbchen nach den letzten Sojasprossen.

„Ganz im Gegenteil, es ist sogar sehr vernünftig! Wir dürfen nicht alles mit uns machen lassen. Wir haben beschlossen, dass wir unsere Verteidigung verstärken müssen. Was mich betrifft, so würde ich ja gern in meinen Bezirk zurückkehren, wenn nur dieser Präfekt endlich hier auftauchen würde! Ohne seine Erlaubnis sitzen wir hier fest. Zu unserem Verderben!"

Richter Di schlüpfte nun in einfache Tageskleidung – eine diskrete, braune Robe mit einer unscheinbaren Kappe ohne jede Verzierung – und folgte seinem Kollegen ins Erdgeschoss. Dort wurden sie von Dao-Li, Mei und Kien empfangen, die damit beschäftigt waren, die neuen Regeln für ihr Überleben anzuordnen: sich nicht allein in die Stadt begeben, niemals nachts ausgehen, in jedem Fall bewaffnet sein, so viele Leibwächter wie möglich dabeihaben, regelmäßige Inspektionsrunden rund um die

Residenz unternehmen und Lieferanten sowie anderen Besuchern im Allgemeinen den Eintritt verbieten.

Dies alles erschien Di als ein ideales Rezept, sich vor den Augen der Bürger absolut lächerlich zu machen: Es würde nicht lange dauern, bis die Leute merkten, dass die Richter sich regelrecht verschanzt hatten. Ihre offenkundige Angst würde eher Anlass zu Spott als zu Lob geben. Das alles war ein hervorragendes Mittel, um endgültig in Angst vor dem eigenen Schatten zu leben. Wie um dieses Gefühl zu bestätigen, sprangen sie alle, als eine Tür lautstark zufiel, vereint auf, als hätte jemand „Hände hoch!" gerufen. Im Übrigen hatten es unanwendbare Regeln so an sich, dass man sie nicht anwandte.

Di stellte sehr schnell fest, dass jeder von ihnen die aufgestellten Anordnungen auf seine Weise auslegte. Dao-Li verließ das Gebäude nur noch in einer Sänfte, die von seinem gesamten Personal umgeben war, wie eine kaiserliche Prinzessin auf Reisen. Lo dagegen konnte es ungeachtet seiner Vorsätze nicht lassen, allein die eine oder andere Taverne aufzusuchen, in der es tausend Gelegenheiten gegeben hätte, ihn umzubringen, ohne dass der Mörder besonders routiniert hätte sein müssen.

Di befand sich im Hof und wollte Miao Dai gerade einige Aufträge erteilen, als er sah, wie DaoLis Diener die Sänfte ihres Herrn vorbereiteten. Der Sohn des Grafen von Pu hatte erneut alle seine Träger zusammengerufen: Zwölf Männer schienen ihm nicht übertrieben zu sein, um seine erlauchte Person zwischen einer Apotheke und einem Kaufladen im Fall eines Überfalles zu beschützen.

Ein Detail erregte seine besondere Aufmerksamkeit, ohne dass er sich erklären konnte, warum. Sein Blick wurde unwiderstehlich von ihren Schuhen angezogen. Sie waren alle aus grauem Leinen. Di zog aus seinem Ärmel jenen Schuh, den er einem der Räuber entrissen hatte. Er näherte sich dem Gefährt und tat so, als ob er die Vergoldung bewunderte. Dann beugte er sich über den Fuß eines der Träger, um einen Vergleich anzustellen. Es handelte sich, soweit er es beurteilen konnte, um einen Artikel der gleichen Machart. Demnach war es sehr wahrscheinlich, dass der Besitzer des Schuhs – und damit der Angreifer der vergangenen Nacht –

einer dieser Träger war. Das bedeutete wiederum, dass dieser Haufen kräftiger Männer seine Komplizen waren. Wenn man sich für nächtliche Unternehmungen maskiert, denkt man wohl kaum daran, auch die Schuhe zu wechseln. Di hatte genügend Erfahrung mit solch akrobatischen Übungen, um das zu wissen. Außerdem war es leichter, eine Hose oder eine passende Bluse zu finden als bequeme Schuhe.

Während der Bezirksrichter diese Überlegungen anstellte, stieg Dao-Li in seine Sänfte, die bald darauf den Platz vor der Residenz verließ. Begleitet von Miao Dai machte sich Di eilig an die Verfolgung, ohne eine Ahnung zu haben, wohin es ging. In seinem Kopf schwirrten viele Gedanken umher. Welches Interesse konnte sein Kollege gehabt haben, seine Domestiken damit zu beauftragen, in einen Palast einzubrechen, in dem er selbst seit mehreren Tagen wohnte?

Drei Straßen weiter begegneten sie einer größeren Menge, die ihnen den Weg versperrte. Di fragte einen der Gaffer nach der Ursache. Man sagte ihm, dass die Mönche der vereinigten Harmonie und inneren Ruhe den glücklichen Einfall gehabt hätten, eine Prozession durch die Stadt zu veranstalten, um Jagd auf die bösen Geister zu machen, die den gewaltsamen Tod zweier Bezirksrichter bewirkt hätten.

Die Prozession bestand aus einer Fülle lebensgroßer Puppen mit Glöckchen und Hörnern aus Kupfer, die einen Lärm verursachten wie ein Erdbeben, dazu Weihrauch und Farbpulver, das die Mönche dem begeisterten Publikum entgegenwarfen. Falls dämonische Wesen es gewagt hätten, die Gegend unsicher zu machen, wären sie nun ganz gewiss verjagt worden.

Der Richter sah, dass die Mönche einige muskulöse Stadtbewohner veranlasst hatten, das rötliche Standbild Jin-sues, der großen Göttin der Geheimnisse, auf ihren Schultern zu tragen.

„Wenn die Göttin unter uns ist, dann sind wir ja gerettet!“, dachte er.

Miao Dai betrachtete das Gefolge mit den Augen eines Kindes, geradezu hypnotisiert von dem Rauch und den Farben. Sein Herr befand, dass sein naiver Enthusiasmus eine kalte Dusche nötig hatte: „Diese Taoisten machen sich in unserer Gesellschaft immer breiter“, murrte er. „Es ist Zeit, dass die Obrigkeit langsam unruhig wird.“

„Dazu ist es schon zu spät“, entgegnete eine Stimme, die nicht die seines Hauptmanns war. Dao-Li war soeben wie durch Zauberei an seiner Seite aufgetaucht. Richter Di erblickte die verlassene Sänfte, der nicht weit von ihnen ebenfalls der Weg versperrt worden war.

„Diese bizarre Religion ist bereits ein Teil des Kaiserreichs, ob uns das nun gefällt oder nicht“, fuhr sein Kollege fort. „Wenn es darum geht, einen unruhigen Mob zu besänftigen, dann erfüllt sie ihre Rolle vorzüglich. Es ist kaum von Bedeutung, welcher Glaube ein Volk betäubt; das Wichtigste ist doch, dass es zufrieden ist, gleichgültig, welchem Irrtum es erliegt. Solange die Oberschicht unserer Gesellschaft sich nicht von diesen Praktiken in die Irre führen lässt, wird alles gut gehen. Wahrheit und Weisheit sind nicht für alle Welt geschaffen, sie zählen nicht zu den Bedürfnissen der Allgemeinheit.“

„Ich schließe daraus, dass Sie eine Doppelmoral vertreten“, antwortete Richter Di, „eine für die Elite und die andere für das einfache Volk. Ist das für einen Richter nicht ein bisschen lästig?“

Der Sohn des Grafen von Pu begnügte sich damit, sein übliches rätselhaftes Lächeln aufzusetzen. Richter Di erriet die Antwort, die der Aristokrat nicht zu formulieren wagte: Für ihn war nicht die Moral der Richter von Belang, er vertrat eine andere: nämlich die seines Geschlechts, eine Moral des Standesbewusstseins.

„Übrigens werden wir verfolgt“, sagte Dao-Li, um das Thema zu wechseln. „Haben Sie das bemerkt? Ich spreche nicht von Ihrem Hauptmann, dem es ein merkwürdiges Vergnügen bereitet, hinter meiner Sänfte herzutrotten, sobald ich den Yamen verlasse. Er hat von nun an Konkurrenz auf diesem Gebiet.“

Di schaute sich um, ob dem so war, sah aber nur Passanten, die wie sie selbst damit beschäftigt waren, den Zug zu betrachten, der sich langsam entfernte. Als er Dao-Li antworten wollte, war dieser wieder verschwunden. Seine Sänfte entfernte sich bereits in zügigem Tempo die Straße hinunter in Richtung eines unbekannten Ziels.

Ob dies nun infolge von Dao-Lis Enthüllungen geschah oder nicht, Di hatte jedenfalls den Eindruck, dass ihnen tatsächlich jemand folgte. Dabei entdeckte er dicht hinter sich einen Vogelfänger, dessen Käfig jedoch seltsam leer war, sowie einen Schuhputzer, der allerdings keine Schuhe putzte. Etwas später war da ein Schwammhändler zu sehen, der in die Betrachtung eines ausgetrockneten Springbrunnens versunken zu sein schien. Di fragte sich, ob er schon so sehr von seinen Ermittlungen besessen war, dass er überall Spione sah.

Was nun Miao Dai betraf, so hätte der sehr gern gewusst, weshalb sein Herr mit ihm die Stadt durchquerte und dabei eine Strecke zurücklegte, die weder Ziel noch Richtung zu haben schien, und warum er sich bei jeder Gelegenheit umdrehte, um sämtlichen Personen aufzulauern, die hinter ihnen liefen.

Um sich zu vergewissern beschloss Di, einen kleinen Test zu machen. Er schickte seinen Hauptmann in eine Straße, während er sich so schnell er konnte in eine entgegengesetzte davonmachte. In einem Gässchen verbarg er sich hinter einem Haufen Weidenkörbe und wartete. Nach wenigen Augenblicken sah er durch einen Spalt den Schwammhändler auftauchen, außer Atem und ziemlich betreten. Der Mann schien irgendetwas zu suchen, dann kehrte er um und rannte wieder weg.

Di verließ vor den erstaunten Augen des dort hockenden Handwerkers, der Körbe flocht, den Schutz seines Weidengeflechts. Der Beweis war erbracht, er hatte sich nichts eingebildet: Ihm folgte tatsächlich jemand, aber keiner der rohen und brutalen Eindringlinge der letzten Nacht. Diese reiflich durchdachte Beschattung wies auf das Werk von Profis hin. Es gab nur einen einzigen Ort, an dem eine solch vorsätzliche Indiskretion hatte auf den Weg gebracht werden können.

Also begab er sich geradewegs zur Präfektur. Den Pförtner, der sich bei der Nennung seines Namens und Titels respektvoll verbeugte, bat er, den Präfekten so schnell wie möglich sprechen zu dürfen. Der Mann antwortete, dass Seine Exzellenz an seiner Militärkonferenz an der Küste teilnehme. Di wischte diese ihm bereits bekannte Lüge mit einem Ärmel beiseite und beharrte höflich auf seiner Bitte: „Ich weiß, dass Seine Exzellenz nicht da ist, trotzdem möchte ich gern sofort empfangen werden."

Der Pförtner rief seinen Vorgesetzten, den Hauptmann der Präfekturschergen, der ihm jedoch den gleichen Sachverhalt vortrug. Di bat um etwas zu schreiben und notierte dann ein paar Zeilen auf einer seiner Visitenkarten: „Richter Di Jen-dsiä bittet Eure Exzellenz demütig darum, ihm unverzüglich eine Unterredung zu einem Thema allerhöchster Wichtigkeit zu gewähren." Dann übergab er das Schriftstück dem Hauptmann, der versprach, es dem Empfänger zu übergeben, sobald er ihn sähe.

Der Richter bedankte sich und tat so, als wolle er sich zurückziehen. Er entfernte sich von dem Gebäude mit der Langsamkeit einer alten, an Arthritis leidenden Dame – für den Fall, dass man nun doch auf die offizielle Version verzichtete und ihn zurückrief. Aber entgegen seinen Hoffnungen vernahm er keinerlei Geräusch von Schritten, kein Diener lief hinter ihm her, um ihn in den Palast zu rufen. Hatte er sich möglicherweise doch getäuscht?

Etwas weiter entfernt, blieb er an einem hübschen steinernen Springbrunnen, der mit Delfinen und Lotus verziert war, stehen, um zu überlegen. Das Wasser fiel prasselnd in ein in Granit eingelassenes Bassin hinab. Ein Hausierer überquerte soeben mit Müh und Not den kleinen Platz. Der arme Mann war mit Kürbisflaschen beladen, die überall an seinem Mantel und sogar an dem Schlapphut hingen, der seinen Kopf bedeckte. Als er den potenziellen Kunden erblickte, wechselte er die Richtung und ging direkt auf ihn zu.

Di wollte ihn gerade darüber informieren, dass er im Moment keinerlei Trinkgefäß benötigte.

„Der sehr edle Di Jen-dsiä ist sehr hartnäckig", murmelte der Hausierer, als er auf seiner Höhe war. Der Richter bemerkte einen Mund, der ihn unter dem Hut anlächelte. Für einen Straßenverkäufer trug der Kürbisflaschenhausierer einen sehr sorgfältig gepflegten Bart, der ihn an einen anderen erinnerte, den er unter gänzlich anderen Umständen bewundert hatte, nämlich an einem Bankettabend im Yamen.

Di verbeugte sich ungemein tief vor dem Hausierer. „Ich danke Eurer Exzellenz, dass Sie mir jetzt endlich diese Unterredung ermöglichen“, murmelte er.

Der Mann lachte leise. „Da haben wir den Salat!“, sagte er. „Sie sind ein einfacher Inspektor und ich ein bescheidener Geschäftsmann. Wir präsentieren hier ein Schauspiel, das viele Leute bestürzen würde, wenn sie es sehen könnten. Dennoch würden Ihre und meine Kollegen, wenn sie hier wären, zweifellos nichts weiter wahrnehmen als einen durchschnittlichen Badegast, dem ein Hausierer seine Kürbisflaschen verkaufen will, glauben Sie nicht auch? Hören Sie doch endlich damit auf, sich vor mir zu verbeugen, als wäre ich der Sohn des Himmels persönlich! Wir müssen uns natürlicher, weit einfacher verhalten, Di! Sie haben das Zeug zu einem guten Präfekten, und ich bin wohl am besten in der Lage, das zu beurteilen.“

Der Richter begriff, woher das allgemeine Gerücht kam, der Präfekt von Pien-fu habe eine Vorliebe für „spezielle Methoden“. Er verstand nun auch den Grund, weshalb sein oberster Gebieter seine eigene Art, Ermittlungen durchzuführen, schätzte – er praktizierte in etwa dieselbe, wenn auch mit größerer Diskretion.

„Es ist sehr amüsant, sich zu verkleiden!“, sagte der Hausierer. „Sie haben absolut recht, Di! Wie schade, dass man uns das nicht während unseres Studiums zeigt! So etwas ist doch viel nützlicher, als Konfuzius auswendig zu lernen, nicht wahr? Unser glänzender, aber langweiliger Wissenschaftler Shang Uchang würde sich dieser Art von Übungen sicherlich nicht widmen!“

Di antwortete, dass Shang sich überhaupt keiner weiteren Übung mehr widmen würde, da man ihn in einem Badehaus aufgefunden habe, das Herz von einem Dolch durchbohrt.

„Das weiß ich“, sagte der Präfekt plötzlich mit tiefem Ernst. „Dies war auch der Grund, weshalb ich beschlossen habe, meinen Aufenthalt bei der Konferenz abzukürzen. Ich konnte nicht ahnen, dass die Dinge eine solche Wendung nehmen würden. Als Mei mir geschrieben hat, dass Tan zum zweiten Mal gestorben sei, glaubte ich, dass dieser beschlossen hatte, unsere Pläne eigenständig zu verändern. Als ich das ganze Ausmaß des Problems begriff, erschien es mir ratsam, selbst diskret eine kleine

Ermittlung vorzunehmen, um die offiziellen, vom Yamen durchgeführten Bemühungen zu verdoppeln – also jene Ihrer Kollegen und Ihrer selbst.“

„Darf ich Eure Exzellenz fragen, was Sie veranlasst hat, uns von Ihren Untergebenen – übrigens ziemlich ungeschickt – beschatten zu lassen?“

Der Hausierer strich sich mit geheimnisvoller Miene über seinen Bart. „Aufgrund der gleichen Schlüsse, die auch Sie vermutlich gezogen haben, Di. Ich musste herausfinden, auf welchem Stand Ihre Nachforschungen waren, ohne Sie in eine peinliche Situation zu bringen …“

Im Klartext hieß das: „Sie sind alle verdächtig, deshalb habe ich Sie von meinen Leuten überwachen lassen, die darauf achten sollten, dass Sie nichts bemerken.“

„Der Geschicklichkeit Eurer Exzellenz ist nur noch Eure Diskretion ebenbürtig“, entgegnete Richter Di und musste sich extrem beherrschten, sich nicht erneut vor dem Hausierer zu verbeugen. Sie waren einander ähnlich genug, um sich auch ohne viel Worte zu verstehen.

„Ich hätte mir denken können, dass Sie mein Inkognito früher oder später durchschauen würden“, sagte sein oberster Vorgesetzter. „Ihre originellen Methoden entziehen sich jeder Vorsichtsmaßnahme. Sie haben wohl schon lange erraten, dass ich Sie beschatten ließ, nicht wahr?“

Der Richter zog es vor, bestätigend zu nicken, statt zu gestehen, dass er erst seit knapp einer halben Stunde auf dem Laufenden war, und zwar Dank Dao-Li, der dieses eine Mal listiger gewesen war als er selbst. Ein paar Badegäste näherten sich dem Springbrunnen mit Bechern in der Hand.

„Wollen wir nicht die Karten auf den Tisch legen, Di?“, schlug der Präfekt vor und machte gleichzeitig eine seiner Kalebassen los. „Wir beide, Sie und ich, wissen, dass diese beiden Tragödien etwas mit dem Yamen zu tun haben. Ich möchte, dass Sie das Rätsel lösen, ohne große Wellen zu schlagen. Was immer Sie auch aufdecken, legen Sie mir unter strikter Geheimniswahrung Ihr Ergebnis persönlich vor, bevor Sie eine Entscheidung treffen. Es ist vollständig ausgeschlossen, dass der gute Ruf der Verwaltung aufgrund eines

Skandals in Mitleidenschaft gezogen wird. Habe ich mich klar ausgedrückt?“

„Einwandfrei“, antwortete Richter Di gedämpft.

„Da ich bemüht bin, Ihren Eifer angemessen zu honorieren“, sagte der Hausierer – wobei er Di eines seiner wohlfeilen Trinkgefäße vor die Nase stellte – „werde ich Ihnen zur Belohnung keine Kalebasse anbieten, sondern die Möglichkeit einräumen, den Preis für Ihren Erfolg selbst auszuwählen, wenn Sie mir den Kopf dieses Mörders präsentiert haben, der sich erlaubt, meine Richter zu exekutieren. Was halten Sie davon?“

Damit war der Augenblick gekommen, seine Bedingungen zu nennen. Während er so tat, als würde er die Trinkflasche prüfen, drückte Di seine Wünsche aus. Vor allem wollte er, dass man ihn ab sofort nicht mehr beschattete, denn das sei unnütz und zudem demütigend. Der Präfekt bewilligte umso bereitwilliger diese Bitte als seine Inspektoren sich als nutzlos erwiesen hatten, indem sie sich verrieten.

Di wünschte auch, dass sein oberster Vorgesetzter sich noch am selben Abend nach dem Essen für eine kleine erklärende Sitzung in Anwesenheit aller im großen Saal des Yamen einfände.

„Aha, aha!“, sagte der Präfekt. „Sind wir dem Ziel etwa schon so nah? Schauen Sie sich doch mal diese hübsche Kalebasse an!“

Richter Di erbat sich respektvoll die Zusicherung, dass er außerdem tatsächlich das erhalten würde, was er als Preis für seine Ermittlungen – natürlich im Rahmen des Möglichen – verlangte.

„Sehr gern“, sagte der Hausierer, der überzeugt war, dass Richter Di den Posten von Pien-fu einfordern würde, der ihm ja sowieso bestimmt war.

„Da wir uns jetzt einig sind, geben Sie mir bitte zwei Sapekenschnüre.“

Der Richter zog aus seinem Ärmel die verlangte Summe hervor. Der Präfekt nahm das Geld und übergab ihm seinerseits eine hässliche, kleine, verbeulte Kalebasse. Dann verbeugte er sich kurz und entfernte sich mit der Miene eines Verkäufers, der ein gutes Geschäft gemacht hatte. Anschließend bot er seine Artikel den Badegästen an, die auf der anderen Seite des Brunnens Mineralwasser in sich hineinzuschütten, wobei er den lokalen Akzent der kleinen Leute perfekt nachahmte.

Richter Di betrachtete inzwischen den grauenhaften Gegenstand, der ihm verkauft worden war. Er gestand sich ein, dass er sein Urteil bezüglich der Hierarchie korrigieren musste: Die Präfekten stellten sich als viel geschickter heraus, als er bisher angenommen hatte, zumindest, was die Veräußerung von Ramsch anbelangte. Er war sich sicher, dass die Kalebasse einen Sprung hatte.

Eine rasche Überprüfung ergab, dass er richtig lag.

XVI

Richter Di befragt einige Träger;
er organisiert eine große allgemeine Erklärungssitzung.

Auf seinem Weg zurück zum Gericht fragte sich Di, was ihn wohl bewogen haben mochte, diese improvisierte Versammlung einzuberufen. Sicherlich, die Konfrontation verschiedener Protagonisten dieser Geschichte konnte die Ermittlungen womöglich ein gehöriges Stück voranbringen …

Der Präfekt würde allerdings endgültige Enthüllungen erwarten, und Di war noch weit davon entfernt, solche liefern zu können. Es gab lediglich Vermutungen und nicht den Schatten ernstzunehmender Beweise; seine Argumentationskette wies darüber hinaus eine Reihe hoffnungsloser Lücken auf. Um nicht sein Gesicht zu verlieren, würde er äußerst umsichtig vorgehen müssen.

Mei und Kien stritten im Hof und warfen sich angedeutete Beleidigungen an den Kopf.

„Dieser erhabene alte Mann ist ein gemeiner Lügner“, erklärte Kien angesichts Richter Dis fragendem Gesichtsausdruck.

„Dieser angesehene Bezirksrichter hat keinerlei Moral: Er bestiehlt sogar seine Kollegen!“, erwiderte Mei.

„Nun, der beklagenswerte Schüler, der ich bin, besucht eine gute Schule! Ihr Beispiel nehme ich mir zum Vorbild, lieber Vor-mir-geborener-Bruder!“

„Der Schüler hat seinen Meister bei Weitem überholt. Meine bescheidene Wenigkeit hätte sich nicht mal ein Drittel Ihrer Gerissenheit erlaubt!“

Trotz ihrer gepflegten Ausdrucksweise sah es so aus, als würden sie jeden Moment handgreiflich werden. Di begriff schließlich, dass sie einander vorwarfen, bei ihren jeweiligen Ermittlungen zu schummeln. Sie hatten Indizien – oder zumindest das, was sie für solche hielten – des anderen entwendet. Di seufzte. Es war Zeit, den Fall abzuschließen; er hatte verheerende Auswirkungen auf ihre Stimmung.

Da erblickte er Dao-Lis Träger, die im Schatten der Mauer auf dem Boden kauerten und knobelten. Einen Augenblick lang verfolgte er das Spiel. Der Einsatz bestand aus einigen kleineren Münzen, um die die Knechte heftig stritten. Di schlug ihnen vor, sich einen viel reizvolleren Preis zu verdienen. Die Träger dankten ihm für seine Großzügigkeit und wollten wissen, um was für einen Preis es sich dabei handelte.

„Um einen schnellen und schmerzlosen Tod“, antwortete der Bezirksrichter höflich. „Ich biete dem Gewinner eine einfache Enthauptung an und die anderen bekommen das spitze Messer des Henkers. Sagt euch das zu?“

Die Träger starrten ihn völlig verblüfft an. Einige senkten mit schuldvoller Miene die Augen, andere stießen Rufe aus wie panische Tiere. Einer von ihnen fiel sogar auf die Knie, woraufhin ihm seine Kameraden umgehend einen Stoß versetzten.

„Muss ich annehmen, dass die Sonne zu stark auf den Kopf Eurer Exzellenz gebrannt hat?“, fragte der Kühnste der Truppe.

„Nein, es war nicht die Sonne“, entgegnete Richter Di und furchte die Stirn, „und es war auch nicht mein Kopf, der etwas abbekommen hat. Aber zweifellos weiß einer von euch ganz genau, wovon ich spreche.“

Seinen Anspielungen folgte betroffenes Schweigen. Di hatte ihnen mitgeteilt, dass er sie ohne Zweifel als die Gruppe von Einbrechern identifiziert hatte, die in der vergangenen Nacht in die Residenz eingedrungen waren. Die Ausschreitungen würden ihnen einen Prozess ohne Gnade bescheren, den er persönlich veranlassen wollte. Das Gesicht des Richters drückte die unnachgiebige Strenge des kaiserlichen Beamten aus, verdrießlich und allmächtig zugleich.

„Seid versichert“, sagte er, „dass es ein Verbrechen zweiten Grades ist, einem Richter einen Fußtritt in den Bauch zu verpassen. Es ist nur durch den Tod ohne vorausgehende Folter zu sühnen. Also, wer bewirbt sich für das Fallbeil? Vielleicht werde ich den anderen gegenüber Milde walten lassen, wenn ihr mir den Schuldigen sofort liefert."

Die Panik überkam sie nun endgültig. „Ich habe nichts getan!", sagte der eine. „Ich war es nicht!", rief ein anderer.

Di sah mit Befriedigung, wie sie sich gegenseitig bezichtigten, indem sie die Tücher beschrieben, mit denen sie während ihrer Unternehmung ihr Gesicht verhüllt hatten. Jener, der ihr Anführer zu sein schien, ergriff das Wort, allerdings diesmal in weitaus weniger selbstbewusstem Ton: „Ich bin mir sicher, dass der Schuldige, hätte das Tuch ihm nicht die Sicht genommen, erkannt hätte, dass er einem hohen Bezirksrichter gegenüberstand. Ganz gewiss hätte er es dann vermieden, mit dem Fuß nach ihm zu treten."

„Aber auch für den Gebrauch der Hände gibt es bei Gericht ein Strafmaß. Wollt ihr es hören?"

Sie wollen es nicht. Da die Situation nun aufgeklärt war, konnte Di mit der Befragung beginnen, die ihm am Herzen lag. Die Träger dachten nun gar nicht mehr daran, ihren Herrn zu verteidigen: Ihr einziges Anliegen war, ihr eigenes Leben zu retten. Deshalb erfuhr Di, ohne dass er noch weiter hätte nachbohren müssen, dass sie ihren Herrn an jenem Morgen, an dem der Mord an Shang Uchang geschehen war, zu den Wasserfällen gebracht hatten und von dort aus zu dem Badehaus, in dem die Leiche gefunden worden war. Danach hatte Dao-Li sie zum Essen geschickt.

Dieser Hinweis hätte entscheidend sein können, wenn der Mord am Morgen begangen worden wäre. Aber es stand außer Frage, dass Shang kurz nach dem Mittagessen noch gelebt hatte: Di hatte ihn ja selbst noch mit eigenen Augen in der Bibliothek gesehen!

Es zeigte sich außerdem, dass Dao-Li seine prachtvolle Sänfte den meisten seiner Kollegen geliehen hatte, was die Spuren verwischte. Kien hatte sie benutzt, um die Damen der besseren Gesellschaft – und alle anderen – zu beeindrucken; ein solcher Palankin hatte einen gewissen Effekt, sogar vor dem Eingang eines erstklassigen Bordells. Mei hatte diese Sänfte benutzt, um die Trinkgelder für die Träger des Gerichts zu sparen. Lo dagegen hatte sich die Sänfte ausgeliehen, weil sie ihm Ortswechsel in liegender Position erlaubte und er dabei außerdem von dem Luxus träumen konnte, den ihm sein eigener Lebenswandel verwehrte. Wieder einmal war Di der Einzige gewesen, der die für einen verantwortungsbewussten Bezirksrichter angemessene Askese praktiziert hatte.

Das Unangenehmste bei diesen Ermittlungen war zweifellos die Anzahl der Richter, alle mehr oder weniger austauschbar, die alle die gleichen Blumenbeete zertrampelten und damit sämtliche Indizien vernichteten. Er hatte den Eindruck, als kämpfe er gegen ein Einzelwesen, das aus mehreren Körpern bestand. Immer mehr war er davon überzeugt, dass sich der Mörder unter ihnen versteckte. Es musste einer von diesen Beamten in grünen Roben und schwarzen Kappen sein; er verschwand innerhalb der Gruppe, ein Baum inmitten des Walds. Darin bestand die ganze Schwierigkeit.

Der Ermittler war umgeben von Spiegelreflexen, von nichts Greifbarem, es gab nichts Konkretes, an das er sich hätte klammern können. Diese Ermittlung war nichts weiter als ein wogendes Magma, in dem jeder vernünftige Versuch der Überlegung steckenblieb.

Di überließ die Träger ihrer Verwirrung, die drohte, ihre einzige Bestrafung darzustellen, und begab sich in den Garten. Er vertraute auf den Frieden, der an diesem Ort herrschte, um Ordnung in seine Gedanken zu bringen. Die Ruhe wurde jedoch leider durch die Stimmen von Kindern unterbrochen, die im Schatten einiger Kirschbäume spielten. Er entdeckte seinen kleinen Schützling, der unter den wachsamen Augen der jungen Dienerin herumtollte.

„Wie geht es denn unserem kleinen Tan?“, fragte Richter Di. „Es sieht so aus, als habe er sich von seiner unruhigen Nacht bestens erholt.“

„Es geht ihm gut, aber der kleine Tan ist der da“, antwortete die Dienerin und deutete auf ein anderes Kind, das gerade damit beschäftigt war, etwas weiter entfernt Blumen auszureißen. „Der hier ist der Sohn der Köchin, den ich hergerufen habe, um mit ihm zu spielen.“

Die Ähnlichkeit der beiden Jungen in Alter und Größe war ungewöhnlich. Nichts glich sich allerdings mehr als ein kleiner Junge dem anderen, zumal, wenn sie nahezu dieselbe Kleidung trugen und von ähnlicher Statur waren. Di fragte sich, wie es den Ammen gelang, ihre Schützlinge auseinanderzuhalten, zumindest aus der Ferne. Er selbst würde sich immerzu täuschen.

Und als er so darüber nachdachte, wurde ihm klar: Er hatte sich bereits getäuscht! Die Lösung durchzuckte ihn wie ein Blitz aus heiterem Himmel. Das war doch alles ganz offensichtlich: Alles hing vom Anfang bis zum Ende mit Ähnlichkeiten, Täuschungen und Lügen zusammen. Jetzt wusste er ganz genau, welches Thema im Mittelpunkt der abendlichen Versammlung stehen würde, die immer näher rückte.

Die Diener zündeten die Fackeln an, als der Tag draußen vor dem Bankettsaal zu Ende ging. An den Wänden des großen, jetzt leeren Raumes tanzten die Schatten und verliehen der Versammlung der Richter eine dämmrige Stimmung.

Man hätte meinen können, es wären Geister anwesend, die darauf lauerten, was nun geschah. Di dachte, dass vor allem jene von Tan und Shang besonders an dem interessiert sein dürften, was er zu sagen hatte. Nach der Mahlzeit schickten sich die Richter an, den Tisch zu verlassen. Di bat sie jedoch, noch etwas zu bleiben: Der Höhepunkt des Abends würde nicht mehr lange auf sich warten lassen. Mei Haodi blickte zum Himmel empor.

„Gibt es schon wieder unzüchtige Tänzerinnen?“, fragte er. „In dieser Stadt können die Tage und Nächte offensichtlich nicht lang genug sein, um sich ausreichend zu amüsieren! Die Einkünfte dieses Gerichts müssen ganz außerordentlich sein, wenn man sich erlauben kann, sie mit solcher Hingabe zu verschwenden.“

Richter Di versicherte ihm, dass es sich um nichts Derartiges handelte. Bald darauf kündigte der Hofmeister das Erscheinen Seiner Exzellenz, des Präfekten von Pien-fu, an. Die Richter sprangen überrascht auf. Ihr oberster Gebieter erschien im Türrahmen. Er hatte das abgerissene Gewand des Hausierers gegen eine elegante rote mit Silberfäden bestickte Robe eingetauscht, die ihm beinahe ebenso gut stand.

„Ich bin glücklich, mich unter die Lebenden zu begeben, um über Tote zu sprechen“, sagte er und nahm an der Mitte der Tafel auf einem Stuhl Platz, den ihm Richter Lo bereitwillig überließ. Seine überraschende Ankunft hatte eine allgemeine Aufregung ausgelöst. Alle erhoben sich in großer Eile und überboten sich in Liebenswürdigkeiten und tiefen Verneigungen. Dann stritten sie gegenseitig um die Ehre, die überraschenden Ereignisse schildern zu dürfen, die sich während seiner Abwesenheit zugetragen hatten. Außerdem wollten sie alle dem Präfekten ihre jeweiligen persönlichen Ermittlungsergebnisse mitteilen.

Dabei mussten sie jedoch sogleich feststellen, dass ihr oberster Gebieter bereits vollständig auf dem Laufenden war. „Eure Exzellenz haben Augen und Ohren für alles“, sagte Dao-Li, der soeben begriffen hatte, von wem sie beschattet worden waren. „Ich glaube, dass wir niemals aufgehört haben, Ihre wohlwollende Beaufsichtigung zu genießen.“

„Um unsere Sicherheit zu gewährleisten?“, fragte Kien Fang-te misstrauisch. „Eure Exzellenz sind zu gütig, Schwiegerpapa.“

„Schwiegerpapa“ zuckte kaum merklich unter seiner bestickten Robe mit den Schultern. „Ich überlasse Ihnen das weitere Vorgehen, Di. Sie haben das Wort, wir hören Ihnen zu.“

Richter Di war darauf vorbereitet, eine Zusammenfassung der Situation zu präsentieren, versehen mit einem knappen Porträt seiner Kollegen.

„Vor einigen Tagen wurden sieben Richter hier zu einer gar nicht mal so improvisierten Zusammenkunft einberufen, um denjenigen unter uns zu bestimmen, der den Posten von Pien-fu bekommen sollte. Ich war dabei derjenige von uns, der über den Ruf seiner Kollegen am wenigsten wusste. Wie Sie noch sehen werden, habe ich diesen Rückstand inzwischen aufholen müssen, um die Ermittlungen voranzutreiben. Dabei hat es sich jeder von Ihnen zur Pflicht gemacht, mich über die anderen zu informieren. Um ein Profil des Mörders zu entwickeln, ist es notwendig, die Persönlichkeiten aller Beteiligter zu ergründen. Ich habe nicht lange gebraucht, um mich davon zu überzeugen, dass der Schlüssel zu diesen, gewissermaßen innerhalb unserer ‚Familie‘ begangenen Morden nur über den Geisteszustand und die

Vergangenheit der Gäste zu finden war. Beginnen wir zunächst mit Kien Fang-te, unserem sympathischen Jüngsten, dem Mann, der nie mit jemand anderem streitet und für niemanden eine wirkliche Gefahr darstellt, außer für die Damen."

Bei sich dachte er: „Ein Jasager, ein nichtswürdiger, kriecherischer Schmeichler – es gab unzählige Varianten, ein solches Individuum mit zwei Gesichtern zu beschreiben." Alle verstanden die Botschaft, bis auf den Betreffenden selbst.

„Dann kam der ehrenwerte Mei Haodi, vielleicht ein wenig vom Leben enttäuscht, aber ganz ohne Frage gequält vor Neid."

Der Präfekt ergriff das Wort: „Was Sie betrifft, Mei", fragte er, „warum holen Sie so hartnäckig ihre Informationen bei den Straßenkindern ein? Sind die besonders gut informiert?"

„Überhaupt nicht", antwortete an seiner Stelle Kien Fang-te: „Sie sind nicht teuer. Die Ermittlungen des ehrenwerten Herrn Mei basieren auf Sparsamkeit. Dies ist sein Lebensprinzip. Jedes Mal, wenn er eine Sapeke hergibt, spürt er, wie sein Fluidum[8] seinen Körper verlässt."

„Ich bin mir nicht sicher, dass dies eine Eigenschaft ist, die einem Bezirksrichter geziemt", trumpfte Dao-Li mit seinem ewigen Lächeln im Mundwinkel auf.

„Ja", fügte Lo hinzu, „vor allem, wenn man bedenkt, dass er dadurch versucht ist, kleine Geschenke anzunehmen, die ihm Kraft und Mut zurückgeben. Dies sind Strömungen, die der Ausübung seines Amts schaden."

„Verleumdung!", rief Mei. „Ich verlange Gerechtigkeit! Nichts von alldem ist jemals bewiesen worden!"

„Das spielt keine Rolle", sagte der Präfekt. „Fahren Sie fort, Di, ich bitte Sie darum."

„Dann haben wir noch Lo Kuan-chong, den angesehenen Sieger des literarischen und dichterischen Wettstreits. Dieser teure Mann schmiedet Verse wie er atmet und interessiert sich auch für sonst nichts. Seine Gegner sagen, dass sie nicht wüssten, ob er ein schlechterer Bezirksrichter oder Dichter sei und dass sein öffentliches Amt ihm die Möglichkeit gebe, trotz des Fehlens von

---

[8] Unsichtbarer, flüssiger Lebensstoff

großem Talent oder ausgezeichneter Tugenden zu überleben."

Lo zog es vor, sich intensiv auf die vor ihm stehende Karaffe zu konzentrieren.

„Was nun Shang Uchang anbelangt, den Musterschüler, dessen Liebe zu den Klassikern so weit ging, dass er sie auswendig kannte, so war er mit einem unerschöpflichen Gedächtnis ausgestattet, dank dem er jeden benommen machte konnte. Genauso wie mit seiner unfehlbaren Kultiviertheit und seiner Selbstgefälligkeit eines Klassenbesten. Vergessen wir auch nicht Dao-Li, den Repräsentanten der erlauchten Gesellschaftsschicht, dem überhaupt nichts gefällt. Von seiner Familie geopfert, verkümmert er in der Provinz, statt über die angestammten Besitztümer zu herrschen wie sein älterer Bruder. Seit er seinen Landsitz verlassen hat, erscheint ihm alles wie eine Herabset zung. Das ist der Fluch derjenigen, die glauben, aus dem Paradies vertrieben worden zu sein. Und das hat er wirklich geglaubt, gab er doch zu, dass der Familienbesitz für jene, die sich an ihm erfreuen dürfen, ein kleines Paradies ist."

Dao-Li verzog keine Miene, lediglich ein verächtlicher Zug legte sich um seine Lippen.

„Wir hatten das Vergnügen, im Palast Tan Jinxuans – des Fortgeschrittenen Rätsels – empfangen zu werden, dem glücklichen Bezirksrichter dieser Stadt der tausend Springbrunnen. Schließlich kam auch noch meine bescheidene Person, Di Jen-dsiä, hierher, ein ehemaliger Preisträger im Bereich der Mathematik. Ich weiß sehr wohl, dass ich hier den Ruf eines pingeligen Perfektionisten genieße, der danach strebt, einzig aufgrund seiner Effizienz zu überzeugen – eine Haltung, die von den Vertretern meines Berufsstandes als ein wenig banal beurteilt wird. Meine Manie, Rätsel zu lösen, ob große oder kleine, hat mir lediglich falsche Komplimente, Misstrauen und Eifersucht eingebracht. Seit wann ist es die Aufgabe hoher Beamter zu arbeiten, fragen Sie mich? Je mehr man sich einer Aufgabe widmet, umso weniger befasst man sich schließlich mit Literatur. Aber wir wurden doch alle bei literarischen Wettkämpfen auserwählt! Und genau das steht im Zentrum der Tragödie, die sich hier abgespielt hat."

Mehrere Zuhörer ließen ein erstauntes „Aha!“ hören.

„Im Laufe unseres Aufenthaltes“, fuhr der Sprecher fort, „habe ich herausgefunden, dass die meisten von uns ein paar Geheimnisse verbargen, die als Motiv für einen Mord durchaus ausgereicht hätten. Dabei dachte ich zum Beispiel an Mei Haodi.“

„Das möchte ich doch mal sehen!“, heulte jener auf. „Wieder ich! Das grenzt doch schon an Besessenheit, meiner Treu!“

„Shang machte sich ein Vergnügen daraus, mir mitzuteilen, dass die Meis in Wirklichkeit dem Berufsstand der Händler angehörten, was ihrem Abkömmling verwehrte, zu den literarischen Prüfungen zugelassen zu werden. Shang hatte das bei seiner Arbeit in den Kaiserlichen Archiven entdeckt. Wir werden noch sehen, dass dieser Punkt weit davon entfernt ist, nur ein kleines Detail auszumachen.

„Das ist absolut lächerlich!“, schrie Mei am Rande des Zusammenbruchs. „Meine Eltern waren Adelige, die manchmal ihren Freunden wertvolle Stoffe zu lächerlichen Preisen anboten. Sie hatten mit Handel nichts zu tun und waren außerdem Eigentümer eines schönen Grundbesitzes.“

„Aber ja“, gab Di zu. „Sie hatten Grundbesitz, den sie dank ihrer Geschäfte erwerben konnten, um so den Makel ihrer gesellschaftlichen Stellung zu vertuschen. Dies ist ein klassischer Fall, aber er hat keinerlei Bedeutung für uns, Mei, beruhigen Sie sich. Ich denke nicht, dass das mit unserer Angelegenheit etwas zu tun hat, abgesehen von den Erkenntnissen, die wir dadurch über die Mentalität des verstorbenen Shang gewonnen haben und darüber, was man alles in den Archiven finden kann. In einer ganz anderen Hinsicht war ich erstaunt von der Tatsache – auf die mich übrigens unser Freund Kien gestoßen hat –, dass Dao-Li immer scherzhaft das Gespräch auf ein anderes Thema gelenkt hat, wenn es um ganz konkretes literarisches Wissen ging.“

„Leute seines Schlages haben es nicht nötig zu studieren, um einen hohen Rang zu bekleiden“, spottete Kien Fang-te.

„Eine Prüfung ist eine Prüfung, lieber Bruder“, widersprach ihm Di. „Sie wissen genauso gut wie wir, dass man uns keine Geschenke macht. Keinerlei ungerechtfertigte Bevorzugung ermöglicht es, als Sieger hervorzugehen, ohne dass man vorher seine Gelehrtheit unter Beweis gestellt hat."

„Sie schweifen vom Thema ab", sagte Dao-Li.

„Kommen wir zum Kern der Sache: Wer hat Tan umgebracht? Dies ist doch die einzige Frage, die uns beschäftigt."

„Glauben Sie, lieber Bruder?", sagte Di, der als Einziger die Ruhe bewahrte.

Seine Kollegen gaben Dao-Li recht. Diese Enthüllungen waren auch für jeden von ihnen unangenehm.

„Aber ja", bekräftigte Lo klagend. „Sagen Sie uns endlich das Entscheidende zu diesem Fall.

Wie es scheint, sind Sie der Meinung, dass der Schuldige einer von uns ist. Nennen Sie uns seinen Namen, damit wir zum Ende kommen. Wer ist es?"

Der Richter zwirbelte kurz die Enden seines langen Bartes. „Wer?", fragte er. „Nun, keiner eigentlich. Der Schuldige ist nicht unter uns. Tatsächlich ist er nicht mehr unter uns. Er ist tot. Seine Leiche ruht in den Weihrauchschwaden des Tempels der vereinigten Harmonie und der inneren Ruhe. Ein Name, der übrigens kaum zu einem Toten passt, der alles andere als ruhig war und der unter den unharmonischsten Bedingungen verschieden ist."

„Wollen Sie damit andeuten, es handelt sich um

…", stammelte der Präfekt, der genauso überrascht war wie seine Untergebenen.

„Sie haben mich ganz richtig verstanden", sagte Richter Di. „Der Mörder unseres Gastgebers Tan Jinxuan – oder in jedem Fall der Kopf hinter seiner Hinrichtung und zweifellos auch sein bewaffneter Arm – hieß Shang Uchang."

Di ergriff mit zwei Fingern seine Tasse Tee und nahm langsam einen tiefen Schluck inmitten des betroffenen Schweigens, das auf seine Ausführungen gefolgt war.

XVII

Richter Di benennt einen Mörder;
alte Papiere dienen als Zeugen.

Lo war der Erste, der sich wieder gefasst hatte.

„Warum hat Shang unseren Gastgeber umgebracht?", fragte er, ohne Dis Theorie weiter infrage zu stellen, die allen zu passen schien.

Di stellte seine Teetasse ab und nahm den Faden seiner Beweisführung wieder auf. „Ich habe ermittelt, dass Shang Tan ermordet hat, weil dieser ihn erpresst hat, und das seit langer Zeit."

„Wie ist es dazu gekommen?"

„Shang war es, der Tans Büro durchsucht hat, am Tag nach Tans angeblichem Tod. Er suchte nach einem Dokument, mit dessen Hilfe Tan ihn erpresste. Nun liegt das Fenster dieses Büros zur Parkseite hinaus, wo Tan sich versteckt hielt. Nachdem Shang das Zimmer erfolglos auf den Kopf gestellt hatte, beobachtete er genauso wie ich die Diener, die zur Bequemlichkeit ihres Herrn während dessen freiwilligem Rückzug hin und her eilten. Fortgeschrittenes Rätsel spielte liebend gern den Toten, um unseren verehrten, hier anwesenden Präfekten zu unterhalten, dem dieser Spaß sehr zusagte. Aber er wollte das Ganze unter den angenehmsten Bedingungen tun. Also ließ er sich kleine Gerichte servieren und empfing zudem den Besuch einer liebenswürdigen Dienerin, mit der er während der Abwesenheit seiner Ehefrauen eine … sagen wir mal tröstende Beziehung unterhielt. Wir wissen, dass er mithilfe eines Vorhangs erdrosselt worden ist. Nun war es aber das Fenster Shangs, an dem eben dieser Vorhang fehlte. Am Abend nach dem Mord beklagte er, dass er vom Sonnenlicht geweckt worden sei. In der Folge wurden die Vorhänge wie besessen von Zimmer zu Zimmer geschafft, was die Spuren entscheidend verwischt hat. Ich bin aber überzeugt, dass der

Originalvorhang von ihm stammte. Erst im Verlaufe des Tages, als ich versuchte, mir diesbezüglich Klarheit zu verschaffen, begann dieses morbide Spiel des unentwegten Auf und Abhängens."

Seine Kollegen setzen geistesabwesende Mienen auf. Sie erinnerten sich sehr gut daran, dass sie einander die Vorhänge einen nach dem anderen entwendet hatten, aus Angst davor, dass man sie bezichtigen würde, sich eines solchen bedient zu haben, um ihren Gastgeber aufzuknüpfen. Di wahrte ein kurzes Schweigen, bevor er fortfuhr.

„Aber kehren wir nun wieder zu unserem Mord zurück. Nachdem Shang Tan im hinteren Teil des Parks entdeckt hatte, beschloss er, den angeblichen Todesfall in einen echten zu verwandeln. Er nahm den Vorhang seines Zimmers ab und suchte dann den falschen Toten in dessen Sommerhäuschen auf. Der öffnete ihm bereitwillig die Tür, weil er glaubte, dass Shang seine Ermittlungen abschließen und den Preis für sein Wissen verlangen wolle. Shang aber erschlug ihn und hängte ihn dann an einem Deckbalken auf."

„Aber warum denn?", fragte Kien. „Von welcher Erpressung sprechen Sie überhaupt?"

„Die beiden Männer waren seit Langem zerstritten. Aber wirklich wichtig ist der Punkt, dass Shang nicht allein die Tat begangen hat: Ein anderer Mann war ihm dabei behilflich. Einer von uns. Ein hier Anwesender."

„Wir würden sehr gern erfahren, welchen Namen Sie diesmal aus Ihrem Ärmel zaubern", sagte Dao-Li eisig.

„Welchen Namen?", entgegnete Di. „Nun, den Ihrigen, lieber Bruder."

Diesmal überkam die Bezirksrichter große Aufregung.

„Jetzt faseln Sie aber wirklich Unsinn, Di!", protestierte Kien. „Unser Bruder Dao-Li hatte keinen Grund, den armen Tan umzubringen!"

Di nahm einen Schluck Tee. „Die Wurzeln dieses Mordes liegen etwa zehn Jahre zurück, als die meisten von uns noch Kandidaten der literarischen Prüfungen waren. Haben Sie bemerkt, wie sehr wir uns alle ähnlich sind, mit unseren grünen Uniformen, den schwarzen Kappen und unseren Bärten, die den Stolz auf unseren gesellschaftlichen Rang zum Ausdruck bringen? Ich habe mir gedacht, dass diese Ähnlichkeit der Anlass für einige Verwirrung sein kann, die sich der Mörder mehrfach zu Nutze gemacht hat."

„Das ergibt doch keinen Sinn!", rief der schöne Kien, der nicht der Meinung war, dass er irgendeinem seiner Kollegen ähnlich sah.

„Oh, doch! Dao-Li Song ist der Sohn von Großgrundbesitzern aus der Provinz. Sie wissen genauso wie ich, wie wichtig es für diese Leute ist, dass ständig einer aus ihrer Mitte zu den ranghöchsten Beamten zählt. Das verschafft nämlich der gesamten Sippe bedeutende Vorrechte: die Freistellung von lästigen Arbeiten, die Befreiung von Grundbesitzsteuern, die Erlaubnis zum Kauf von Dienern, dieser Art Sklaven, die für eine bestimmte Zeit gepachtet werden – ohne von der Ehre des Amts zu sprechen, die sich auf die ganze Familie auswirkt. Der Lebensstandard und die gesellschaftliche Anerkennung der Dao-Li-Familie hätten bei einem Misserfolg Songs in der Prüfung schwer gelitten. Denn als jüngerer Sohn war er schließlich nur auf der Welt, um dieses Bezirksrichterdiplom zu erlangen, dessen Glanz der ganzen Verwandtschaft unabdingbar war. Beim Studium der Lebensläufe, die auf Befehl des Präfekten erstellt wurden, war ich sehr überrascht, als ich erfuhr, dass er in Literatur als gut bewertet worden war, ausgerechnet also auf dem Gebiet, auf dem er so wenig glänzen konnte. Sehen Sie, Dao-Li ist ein Richter, der in Wahrheit niemals eine Prüfung bestanden hat."

Die Bezirksrichter wichen entsetzt zurück, einerseits wegen der Schwere dieser Anschuldigung, andererseits wegen der Kühnheit desjenigen, der es gewagt hatte, sie vorzubringen. Ihre Reaktionen reichten von Empörung bis zu Ungläubigkeit. Dao-Li brach in ein gezwungenes kleines Lachen aus. Di blieb ruhig und unerschütterlich.

„Shang und er stammten aus der gleichen Gegend", fuhr er fort, „was in gewisser Hinsicht auch ihre ähnliche körperliche Gestalt erklärt. Es ist sogar gut möglich, dass sich die Grafen von Pu im Laufe der Generationen mit ihren Vasallen vermischt haben. Ich wäre nicht erstaunt, wenn beide Männer irgendwie verschwägert wären. Trotz seiner niedrigeren Herkunft war Shang mit dem

Gedächtnis eines Elefanten ausgestattet, was ihn besonders zu den klassischen Studien befähigte. Darin hat er eine derart perfekte Gelehrtheit erlangt, dass er uns daran bei jeder Gelegenheit hat teilhaben lassen. Aber Bücher und Lehrkräfte kosten viel Geld. Der weniger begabte und von seinem Rang äußerst überzeugte Faulenzer DaoLi empfand lediglich Verachtung für Studien, zu denen sogar der einfachste Sohn reich gewordener Bürger Zugang hat – nicht wahr, Mei? –, und wollte seine schöne Jugend nicht mit dem Auswendiglernen alter Texte vergeuden. Die beiden jungen Männer schlossen einen Pakt, der jedem von ihnen eine unverhoffte Chance bot. Dao-Li hat heimlich Shangs Studien finanziert – nicht etwa aus Menschenfreundlichkeit, denn die war ihm fremd –, um ihm zu ermöglichen, sich unter den besten Bedingungen auf das Auswahlverfahren vorzubereiten und es an seiner Stelle anzutreten. Ihre körperliche Ähnlichkeit ist übrigens mit der Zeit immer weniger geworden, einerseits, weil es keinen Grund mehr gab, sie zu betonen, andererseits aufgrund ihrer unterschiedlichen Charaktere und Verhaltensweisen. Außerdem war Shang kurzsichtig geworden. Er hat seine Augen anstelle eines anderen beim Studium von Zauberbüchern abgenutzt. Und es ist ihm niemals gelungen, sich einen solch herrlichen Bart zu züchten wie jener, bei dem ich heute zögere, ihn als unseren Kollegen zu bezeichnen. So hat sich der arme Student also an besagtem Tag der Beurteilung seiner Meister anstelle des reichen Erben gestellt. Shang hatte einen kümmerlichen und schlecht gepflegten Bart, dem er gelegentlich zweifellos durch fälschliches Ausstaffieren zu mehr Form verholfen hat. Wer von Ihnen beiden hat eigentlich den Namen Dao-Li Song auf die Ehrentafel geschrieben und am Bankett der Preisträger teilgenommen?"

Dao-Li zuckte auffällig mit den Achseln.

„Das werden wir also nie erfahren", schloss Di daraus.

„Aber Shang ist doch auch zum Richter ernannt worden, er auch!", wandte Mei ein.

„Ja. Shang hat selbst noch einmal am Auswahlverfahren teilgenommen, unter seinem eigenen Namen und etwas später. Offiziell hatten seine fehlenden Mittel die persönliche Vorstellung verzögert. Dabei hat er sogar jene spezielle Prüfung als Bester bestanden, die ohne festes Datum der Auswahl von Männern mit besonders großen Errungenschaften dient und deren Thema vom Kaiser persönlich vorgegeben wird. Das hat ihm erlaubt, sein Diplom im Jahr nach der Mogelei zu erwerben und zwar in einem anderen Bereich, damit er nicht Gefahr lief, von jenen erkannt zu werden, die die vorhergehende Prüfungsperiode beaufsichtigt hatten. Dabei ist er übrigens noch besser bewertet worden als Dao-Li. Er hatte sich nämlich beim ersten Mal nicht so sehr angestrengt, um nicht zu viel Aufmerksamkeit zu erregen. Außerdem hatte er über mehr Zeit verfügt, um seinen eigenen Berufseinstieg vorzubereiten. Haben Sie sich gedemütigt gefühlt, weil Sie nicht so gut bewertet worden sind wie Ihr Doppelgänger, lieber Freund?“

„Zu diesem billigen Schmierentheater habe ich keine Erklärung abzugeben“, erwiderte Dao-Li.

„Geben Sie mir eine Stunde Zeit und ich werde Ihnen aufzeigen, wie Sie Tan aus ebenso absurden Gründen getötet haben!“

Di wischte diese Bemerkung mit einer Geste beiseite.

„Kaum studiert zu haben, war für Dao-Lis Karriere kein Hindernis, denn den Studenten werden ja keinerlei praktische Kenntnisse vermittelt. Aus Dankbarkeit hatte er sich Shang gegenüber verpflichtet, dessen Vorwärtskommen sowie die nicht gerade kleine Familie zu unterstützen. Wozu ist er denn der Vetter eines Ministers und mehrerer großer Würdenträger des Hofes? Aber dort begann plötzlich der Schuh zu drücken, denn genau zu dieser Zeit kam das Steinchen namens Tan Jinxuan ins Spiel, ein trickreicher Mensch, ein Opportunist, bei dem der Ehrgeiz alle Skrupel auswischte. Ich musste mich bald für eine von zwei Thesen entscheiden. Entweder hatte Tan einen Teil seiner Studien bei dem gleichen Meister absolviert wie Shang, wodurch sie Kommilitonen gewesen wären und eine gewisse Vertrautheit miteinander entwickelt hätten. Zum Pech für unsere Kameraden war auch Tan zu den Prüfungen der Präfektur zugelassen worden und hat die Abschlussprüfung in der Hauptstadt im gleichen Jahr bestanden wie der Doppelgänger. Shang gelang es nicht, seinen Betrug vor ihm geheim zu halten, trotz des falschen Barts.

Oder aber Tan war in der ersten Prüfungsperiode durchgefallen, in der Shang unter dem Namen Dao-Li Song teilgenommen hatte, und stellte sich im Jahr darauf wieder vor, wo er dann überraschenderweise erneut Shang begegnet sein dürfte, diesmal unter dessen echtem Namen. Wie auch immer, indem er dieses Chaos durchschaute, war Tan sofort klar, welchen Nutzen er daraus ziehen konnte. Deshalb beschloss er, sich einen handfesten, dauerhaften und unwiderlegbaren Beweis zu beschaffen. Dieser Beweis war Gold wert. Als er erst ausgezeichnet war, begann er zunächst in den Kaiserlichen Archiven von Chang-An, genauso wie ich es zu Beginn meiner Karriere getan habe, jedoch nicht aus den gleichen Gründen. In der Folgezeit wurde er auf immer höhere Posten berufen, wie wir alle festgestellt haben, ohne dass er jemals ein anderes Talent bewiesen hätte als die Mächtigen zu umgarnen; dieser Eigenschaft schrieb man dann ja auch sein außerordentliches Glück zu. Die Wahrheit ist, dass Tan, der kein besonders freundliches Wesen gehabt hat, über diesen notwendigen Beweis von Anfang an verfügt hat. Das hatte zur Folge, dass er Shang durch Erpressung um die Früchte seines Schwindels gebracht hat. Später hat er dann auch noch Dao-Li erpresst, um jene attraktiven Posten zu erringen, an denen er sich so erfreute. Dao-Lis Empfehlungen, die Shang hätten nützen sollen, kamen also Tan zugute. Die Enthüllung des Schwindels hätte den Glanz unseres eleganten Usurpators für immer getrübt, für den dieser Absturz unvorstellbar war. Der Sohn des Grafen von Pu bezahlte für dieses Schweigen zehn Jahre lang mit all der Macht, die ihm zur Verfügung stand, und all dies nur, um zu vermeiden, dass der Beweis seines bösen Betrugs auf dem Bürotisch eines Zensors bei Hofe landen würde."

Die Hälfte der Anwesenden war sichtlich bestürzt, die andere verharrte zweifelnd. Di warf einen Blick in die Runde und fuhr in seinem Bericht fort.

„Je mehr Zeit verstrich, umso verbitterter wurde Shang: Er war der Meinung, dass er es mit seinen außerordentlichen intellektuellen Fähigkeiten verdient hatte, auf die höchsten Posten berufen zu werden, etwa den von Pien-fu, der letztendlich auch für Tan bestimmt sein sollte! Und eben dieser Tan erwies sich als unersättlicher und bedrohlicher Vielfraß … Als er dann erfuhr, dass Letzterer Pien-fu verlassen würde, um einen Posten mit Aussicht bei Hofe anzutreten, war das zu viel für den armen Shang. Und dann waren er und Dao-Li auch noch nach Pien-fu berufen worden, um diesem Triumph des Schmarotzers beizuwohnen! Wie glücklich musste Shang an jenem Abend gewesen sein, als man uns glauben machen wollte, Tan wäre durch das Fenster gestoßen worden! Und wie erzürnt war er dagegen angesichts der Enttäuschung am darauffolgenden Tag, als er feststellte, dass sein Feind noch immer am Leben war! Am Nachmittag des Mordes, bevor er in dem Häuschen, in dem dieser sich aufhielt, über Tan herfiel, hat Shang auch seinen Gefährten von dieser Katastrophe in Kenntnis gesetzt: vom Überleben ihres gemeinsamen Feindes. Ihr Leidensweg würde wieder von Neuem beginnen. Sie kamen überein, ihn jetzt zu beenden: Die Enttäuschung darüber, Tan erneut und sogar erstarkt wiederauferstehen zu sehen, war zu groß; sie konnten sich damit nicht abfinden, sie waren zu erfreut gewesen, sich seiner entledigt worden zu sein.

Die beiden Betrüger hatten ein großes Interesse daran, sich miteinander zu verbünden, um den Meistererpresser umzubringen, der ihnen den Profit ihrer Prahlereien verdarb. Der unechte Tod Tans und seine Einsiedelei boten eine außerordentlich günstige Gelegenheit: Dies war ein Wink des Schicksals, den sie unverzüglich umsetzen mussten. Als alle drei sich plötzlich am gleichen Ort gegenüberstanden, beschlossen die beiden, die Sache zu beenden: Entweder das oder es würde bis ans Ende ihrer Tage so weitergehen. Durch Tans Tod würde außerdem auf Anhieb ein guter

Posten frei, den Shang dann nur noch für sich hätte beanspruchen müssen.

Also verabredeten sie sich im Gartenhäuschen. Ich nehme an, dass unser Akademiker als Erster eintrat, um sein Opfer nicht misstrauisch zu machen, und es dann mit irgendeinem Gegenstand erschlug. Ich habe eine Beule am Hinterkopf festgestellt. Dao-Li hat Shang daraufhin geholfen, Tan mit dem Vorhang aufzuhängen."

„Dann", ergriff Lo das Wort, „hat Shang also, geplagt von Schuldgefühlen oder der Angst, entdeckt zu werden, Selbstmord im Badehaus begangen. Das ist glasklar!"

Di warf ihm einen überraschten Blick zu.

„Schuldgefühle?", fragte er. „Keineswegs. Es war Dao-Li, der sich seines Komplizen und damit aller Schuldgefühle entledigt hat, indem er ihm zur ewigen Ruhe verhalf. Shang hatte damit gerechnet, Tans Stelle in der Gunst des Grafen von Pu einzunehmen. Aber nach zehn Jahren aufgezwungener Uneigennützigkeit hatte Dao-Li genug. Auch er wollte nun von der Unterstützung seiner Verbündeten profitieren. Deshalb blieb ihm nichts anderes übrig, als einen Mord zu begehen, um endlich frei zu sein, vollständig frei. Die Versuchung war einfach zu groß. Aber Shang musste unverzüglich getötet werden. Wären sie erst einmal in ihre Bezirke zurückgekehrt, hätten sie sich sehr lange Zeit nicht mehr wiedergesehen.

Schauen Sie, Shang ist nicht im Badehaus erstochen worden, wie man uns hat glauben lassen wollen. Dao-Li ist mit ihm am frühen Morgen zu den Wasserfällen hinausgefahren und zwar unter dem Vorwand, angeblich ein wichtiges Gespräch, weit weg von unseren indiskreten Ohren, führen zu müssen. Sie waren zu einer Tageszeit dort, zu der es noch kaum Besucher gibt. Indem er seinem Zorn freien Lauf ließ, ertränkte er Shang am Fuß der Wasserfälle, wo das dumpfe Geräusch alle Schreie des Sterbenden erstickte. Ich habe im Schlamm einen Pinsel gefunden, der unserem armen Freund aus dem Ärmel gerutscht ist. DaoLi hat die Leiche im Wasser treiben lassen, wo sie zunächst wegen der aufsteigenden Gischt allen Blicken entzogen war. Anschließend ist er ins Gericht zurückgekehrt und hat sich umgezogen, um sich dann erneut zu den Wasserfällen begeben.

Diesmal benutzte er jedoch seine große Reisesänfte mit den zwölf Trägern, obgleich für eine solch kurze Strecke auch die Hälfte genügt hätte. Aber sie hatten ja auch bald darauf ein Übergewicht zu tragen. In der Nähe des Beckens ließ er anhalten und bemühte sich, die Träger fern zu halten, während er die

Leiche hinter den Vorhängen seiner Sänfte versteckt hat. Danach ließ er sich zum Badehaus bringen, denn es erschien ihm ratsam, die Leiche an eine Stelle zu schaffen, an der sie nicht sofort entdeckt würde. Diese Einrichtungen sind im Allgemeinen bis etwa zur Mittagszeit nahezu leer. Den Trägern machte er vor, baden zu wollen und schickte sie fort.

Dann benutzte er den Dienstboteneingang, der zu den Bergen führt, um die Leiche zum oberen Becken zu schleppen. Dort hat er sie erdolcht und dann ins heiße Wasser geworfen – mit der Absicht, uns dadurch zu verwirren. Wir sollten glauben, dass der Mord am frühen Nachmittag an dieser Stelle begangen worden war, obwohl er sich tatsächlich am Morgen ereignet hatte. Um diesen falschen Zeitpunkt noch glaubwürdiger erscheinen zu lassen, hat er sich sehr beeilt, zum Yamen zurückzukehren. Dort begab er sich in die Bibliothek, in der Shang für gewöhnlich seine Zeit verbrachte; seinen Bart verbarg er dabei geschickt unter einer Bluse. So konnte man ihn aus der Ferne in der grünen Robe und mit über die Bücher gebeugtem Kopf ohne Weiteres für sein Opfer halten. Indem er so tat, als säße Shang in alten Dokumenten wühlend an der Arbeit in den Archiven, während er in Wahrheit bereits im Badehaus dümpelte, verschaffte er sich das allerbeste Alibi. Dao-Li hat vielleicht nicht sein Examen bestanden, dafür hat er sich aber die Methoden der geschicktesten Mörder angeeignet.

Dies war das zweite Mal, dass er die verhängnisvolle Ähnlichkeit ausgenutzt hat, weshalb es für uns alle so aussah, als wäre Shang zum Zeitpunkt des Mittagessens noch am Leben gewesen. Und es kommt noch besser: Dao-Li veranstaltete inmitten der Gärtner im Park einen kleinen Skandal, um klar und deutlich zu machen, dass er zum Zeitpunkt des Mordes an Shang hier unter uns weilte."

Jetzt löste sich Dao-Li endlich aus seiner stillschweigenden Starre: „Sie haben keinen Beweis dafür, dass ich diese abscheulichen Morde begangen habe! Ihre Anschuldigungen entbehren jeder Grundlage! Sie können die Achtbarkeit von Leuten doch nicht ungestraft verunglimpfen!"

In diesen Worten lag die versteckte Drohung, ihre Vorgesetzten zu einer Beurteilung hinzuzuziehen, die dem Ermittler keineswegs entging.

„Ich bin mir sicher, dass Di niemals solche Anschuldigungen ausgesprochen hätte, wenn er nicht über die nötigen Beweise verfügen würde“, murmelte Mei Haodi. „Nicht wahr, Di?“

Di seufzte. „Nun, die Morde kann ich leider nicht beweisen, wenngleich sich Eure Schuld aus der einfachsten Offenkundigkeit ergibt, lieber Bruder.“

Dao-Li triumphierte. „Aha!“, rief er. „Ich bitte Eure Exzellenz, den Präfekten, diese Vermessenheit, mit der Di Jen-dsiä sich erlaubt hat, meine Ehre zu beschmutzen, zu bestrafen!“

„Es gibt hingegen noch eine Untat, die über jeden Zweifel erhaben ist“, entgegnete Di, als wäre nichts geschehen. Er schlug auf den Tischgong. Als der Hofmeister eingetreten war, bat er ihn, die Kiste mit der Nummer 1008 aus dem Regal mit den Katasterstreitfällen im Archiv zu holen. Dann fuhr er fort: „Der Streich, den der Präfekt ersonnen hatte, um sich über uns lustig zu machen, war ein starkes Stück, Tan nahm von Herzen gern daran teil. Unser Gastgeber war allerdings gar nicht glücklich darüber, dass er zwei Personen empfangen sollte, die ein großes Interesse daran hatten, sich jener belastenden Beweise in seinem Besitz zu bemächtigen.“

„Um was für Dokumente handelt es sich denn nun eigentlich?“, fragte Kien.

„Um jederzeit in der Lage zu sein, den Betrug bei den Examina beweisen zu können, hatte sich Tan von Dao-Li und Shang Kopien verschafft, die noch aus der Zeit ihrer Studien stammten. Es handelte sich dabei um Briefe der beiden Männer, die sie kurz nach ihrer jeweiligen ersten Einstellungen verfasst hatten. Dadurch konnten die Schriften mit jener verglichen werden, in der der Pseudo-Dao-Li seinen Examensaufsatz verfasst hatte. Dieser war wiederum in den Kaiserlichen Archiven verwahrt worden, zu denen sich Tan durch seine erste Anstellung Zugang verschafft hatte und den er entwendete. Dies war der einzige Grund, weshalb er sich überhaupt für diese staubige Verwaltungsbehörde beworben hat, die so wenig zu seinen wahren Ambitionen passte.

Und er hat sich nicht geirrt: Unsere Verräter trachteten gierig danach, diese Blätter wieder in ihre Hände zu bekommen. Sobald Tans angeblicher Tod verkündet worden war, machte sich Shang daran, dessen Büro zu durchsuchen, was unser Gastgeber allerdings vorhergesehen hatte. Shang bemühte sich also vergeblich. Wollen Sie mich nicht fragen, woher ich das weiß?", wandte er sich an Dao-Li.

Diesmal war der Sohn des Grafen von Pu leichenblass geworden. „Sie wissen gar nichts!", antwortete er mit tonloser Stimme. „Sie erfinden da etwas. Diese Dokumente existieren nicht."

„Sie existieren schon, Sie haben sie nur nicht gefunden. Tan, dem es an Anständigkeit mangelte, hatte vorsorglich den Einfall gehabt, sie außerhalb des Yamen zu verstecken, und zwar unter den Habseligkeiten eines Kindes, von dessen Existenz niemand wusste: seines unehelichen Sohnes, einer jungen Waise, die von Mönchen aufgezogen wurde. Vielleicht hat er sich aber auch gesagt, dass diese Papiere eines Tages der Karriere seines Sohnes dienlich sein könnten, falls dieser sich als begabt genug herausstellte, um später einmal in den Gerichtsdienst einzutreten. Vielleicht hat er noch gar keine endgültige Entscheidung getroffen, was er mit dem Jungen zu tun beabsichtigte.

Das mag die Meinung, die man von unserem toten Kollegen aufgrund dieser ganzen Affäre gewonnen hat, etwas aufbessern. Hatte er ihm eine Versicherung für die Zukunft anvertraut? Wir werden es niemals erfahren. Die Geschichte von den geraubten Kopien hat Sie aber unentwegt belastet, Dao-Li. Unser Freund Kien hat uns im Laufe seiner Ermittlungen von der Existenz des versteckten Kindes berichtet, woraufhin ich den ungeschickten Entschluss gefasst habe, dieses Kind mit zu uns zu nehmen. Der Junge trug ständig ein Seidenetui mit sich herum, das sich bestens für die Verwahrung jener Papierrollen eignete, nach denen Sie so verzweifelt gesucht haben. Ich selbst habe Sie unabsichtlich darauf hingewiesen. Als Sie das Objekt Ihrer Begierde sozusagen in Reichweite sahen, haben Sie Ihren

Trägern den Auftrag erteilt, sich als Räuber zu verkleiden, um nachts im Gericht einzubrechen, mit dem Ziel, alle Habseligkeiten des Jungen sowie das Büro und die Zimmer des Sekretärs genau zu durchsuchen. Dies war der verzweifelte Versuch, die wertvollen Papiere aufzufinden. Sie haben ihnen sogar befohlen, den Jungen notfalls zu entführen. Dabei haben sie sich allerdings wenig diskret verhalten und stattdessen eine Verfolgungsjagd quer durch den ganzen Palast angezettelt. Um uns abzulenken, sind Sie vor der Nase des armen Lo im Dunkeln umhergestreift, bis der uns um Hilfe gerufen hat, wodurch er unbewusst Ihren Männern erlaubte, durch den Park zu entkommen."

Der Hofmeister erschien mit der gewünschten Kiste aus dem Archiv. Di löste das Band, das sie verschloss und entfaltete vor seinen Kollegen die Papiere, die zuoberst auf dem Stapel lagen.

„Sie alle sind Zeugen", sagte er. „Hier sehen Sie die Arbeit eines Studenten namens Dao-Li, und dies ist ein offizieller Brief an die Zentralverwaltung, den er selbst unterschrieben hat. Und schließlich ist hier das Original seines Literaturexamens, das seinen Familiennamen und das Siegel der Kaiserlichen Akademie trägt. Ich bitte Sie nun, die Schriften miteinander zu vergleichen. Die letztere weist keine große Ähnlichkeit mit den ersten beiden auf. Die Unterschiede sind ganz offenkundig."

Er zog aus seinem Ärmel ein viertes Papier. „Ich habe mir vorhin diese Notiz von Shang aus dem Arbeitszimmer der Archive verschafft. Sie werden die Ähnlichkeit mit dem Aufsatz über Konfuzius bemerken, der von der Akademie abgestempelt worden ist. Dies spricht für sich."

Die Bezirksrichter, der Präfekt eingeschlossen, waren sichtlich entrüstet. Man konnte in ihren Mienen lesen, dass sie diesen Betrug als viel schlimmer einstuften als die Morde. Dao-Li war soeben, ohne dass sie auch nur ein Wort gesagt hätten, verurteilt worden. Obwohl keine formalen Beweise für die zwei Morde vorlagen, war er am Ende. Seine Kollegen waren zu diesem Zeitpunkt von seiner Schuld überzeugt – einer Schuld, die nach ihren Vorstellungen schwerwiegender war als alles andere.

XVIII

Richter Di erntet seine Belohnung;
die natürliche Gerechtigkeit schlägt erneut zu.

Die Stille wurde mit der Plötzlichkeit eines Gewitterdonnerschlags an einem schönen Sommertag durchbrochen.

„Mörder!“, schrie Mei. „Betrüger!“

Aus dem Mund eines Kaufmannssohnes, dachte Di, war diese Beleidigung nun wirklich der Gipfel.

„Dummkopf!“, erwiderte Dao-Li wie aus der Pistole geschossen, der die Morde offenbar als weniger gravierend empfand als einen Mangel an Intelligenz oder Charakter.

Der Präfekt formulierte einige Mutmaßungen, wie der Sohn des Grafen von Pu, geleitet von solchen Grundsätzen, seinen Bezirk hatte leiten können. Er versprach, alle Urteile, die während dessen Amtstätigkeit gefällt worden waren, auf Richtigkeit überprüfen zu lassen, sobald er dazu Gelegenheit hätte. Dao-Li schmollte mürrisch, mit verschränkten Armen dastehend wie ein unverstandenes Kind. Kien glaubte, seinen Ohren nicht zu trauen. Abwechselnd starrte er den Mörder und seinen Schwiegervater an, auf weitere Erklärungen wartend, die aber ausblieben.

„Liebe Brüder! Liebe Brüder!“, rief Lo ein ums andere Mal. „Ich bitte Sie! Wahren Sie doch unsere Würde! Das ist alles, was uns noch bleibt.“

„Sie Säufer, schweigen Sie doch!“, fuhr der Mörder ihn an, alle Höflichkeit und gesellschaftlichen Konventionen außer Acht lassend.

„Von Ihnen beleidigt zu werden“, mischte Kien sich ein, „ist ja sogar noch ein Kompliment.“

„Ich werde mich nicht herablassen, diese Art von Grobheiten noch zu kommentieren“, erwiderte Dao-Li.

„Sie sich herablassen?“, gab Kien zurück. „Aber, mein Lieber, um auf Ihr Niveau hinabzusteigen, müsste man doch bereits im Keller graben!“

Lediglich der Präfekt erhielt die Würde eines Mandarins aufrecht. Di hatte erwartet, dass er sich entsetzt zeigen würde. Das alberne Ausleseverfahren, das diese schreckliche Kette von Tragödien in Gang gesetzt hatte, war ja schließlich seine Idee gewesen. Er hätte zumindest Gewissensbisse haben können. Nachdem der Fall nun abgeschlossen war, schienen ihm die Morde jedoch gar nicht mehr so wichtig zu sein.

„Da Sie nun dieses Rätsel ganz meisterlich gelöst haben“, sagte er, als hätte er gerade einem gewöhnlichen Vortrag über das Umpflanzen von Reis gelauscht, „tun Sie Ihre Arbeit als Bezirksrichter, Di. Wie lautet Ihr Urteil?“

„Ich für meinen Teil befürworte einen entsprechenden Prozess“, antwortete der Richter von Peng-lai und zwirbelte seinen Bart.

„Ja, genau, das ist es!“, sagte Kien Fang-te bitter. „Und wir hängen vor dem Gericht ein Spruchband auf mit den Worten: ‚Ihre Bezirksrichter sind Mörder! Der Prozess des Mörder-Richters! Kommen Sie zahlreich!‘“

„Das kommt überhaupt nicht infrage!“, bekräftigte Mei.

„Das erscheint mir dann doch unvernünftig, lieber Bruder!“, sagte Lo verlegen.

Sie lehnten sämtlich schlichtweg ab, dass einer von ihnen vor Gericht gestellt und vor den Augen aller wegen abscheulicher Verbrechen hingerichtet würde – und schlimmer noch, dass sich herausstellte, dass bei den literarischen Prüfungen betrogen werden konnte: Die Glaubwürdigkeit ihres ganzen Berufsstandes wäre mit einem Schlag zerstört. Außerdem verfügte Dao-Li über außerordentliche Reichtümer. Daraus würde man umgehend folgern, dass er sich in den Reihen der Verwaltung Komplizen gekauft hatte und dass sich ein Prüfungsergebnis ganz einfach erwerben ließ. Von der einen Annahme zur anderen war es nur ein kleiner Schritt; sie alle würden ihre Ehre verlieren. Das Volk würde in ihnen nur noch die käuflichen Handlanger eines elitären und korrupten Adels sehen, die lediglich aufgrund des Geldes und nicht etwa ihrer persönlichen Verdienste während ihres langwierigen Studiums der klassischen Literatur an die Macht gekommen waren.

Die Sache war abgemacht. Die Passivität des Präfekten ließ darauf schließen, dass er keiner anderen Meinung war. Also kein Prozess für Dao-Li. Er hatte die Grenzen dessen überschritten, was nach Ansicht seiner Kollegen der Öffentlichkeit preisgegeben werden konnte. Di dachte, dass alle seine Bemühungen wieder einmal umsonst gewesen waren. Kaum hatte er den Fall brillant gelöst, da beeilte man sich, ihn zu begraben.

„Ich hoffe, wir können mit Ihnen rechnen, Dao-
Li“, sagte der alte Mei plötzlich sehr viel ruhiger.

„Wie bitte?“, fragte dieser und tat so, als hätte er ihn nicht verstanden.

„Ich bin sicher, dass unser Bruder in der Lage sein wird, selbst die Konsequenzen seiner Handlungen zu ziehen“, sagte der schöne Kien. „Ihnen bietet sich die unverhoffte Gelegenheit, als Richter zu sterben, obwohl Sie das nicht verdient haben.“

„Ich bin mir nicht sicher …“

„Das, was Ihre Kollegen Ihnen zu sagen versuchen“, erklärte der Präfekt jetzt, „ist, dass man Sie bittet, sich selbst zu töten, um die Schande zu vermeiden, nicht nur in Bezug auf Sie selbst, Ihre Familie und Ihren Namen, sondern dem ganzen Berufsstand gegenüber, dem Sie angeblich angehört haben.“

Dao-Li widerstrebte es sichtlich, dieses Argument zu akzeptieren, was Di übrigens sehr gut nachempfinden konnte.

„Entschuldigen Sie“, entgegnete der vermeintliche Preisträger, „aber ich glaube, dass Sie Ihre Situation nicht korrekt einschätzen. Sie sind es nämlich, die ein Problem haben. Ich sehe nicht ein, weshalb ich mich jetzt für Leute opfern soll, die mich nichts angehen, nachdem ich das bereits für meine Familie getan habe, wie Di Jen-dsiä ja recht deutlich erläutert hat.“

Kien, Mei und Lo reagierten auf diese unerwartete und skandalöse Antwort bestürzt. Aber in gewisser Hinsicht hatte der Mörder recht. Dao-Li würde sein Richteramt weiterhin und völlig ungestraft ausüben, abgesehen vielleicht von einem negativen Vermerk in seiner Akte seitens des Präfekten und der

Strafversetzung in irgendein Provinzloch, was für einen kaltblütig verübten Doppelmord nun wirklich lächerlich war.

„Sie sind verteufelt zynisch", schrie der Schwiegersohn des Präfekten.

„Sie sind aber auch nicht übel", entgegnete Dao-Li mit wölfischem Lächeln. „Sagen wir lieber, ich bin Realist."

„Tun Sie doch etwas, Di!", heulte Mei. „Zwingen Sie ihn! Er muss Vernunft annehmen!"

Di erwiderte, dass er den Fall gelöst habe; was den Rest angehe, so stünden ihm auch keine anderen Möglichkeiten zur Verfügung als ihnen. Diese Rebellion erschütterte ihre Auffassung von Gerechtigkeit. Sie hatten allerdings nicht vor, lange erschüttert zu bleiben. Der Präfekt verkündete, dass er es für angebracht hielt, den Delinquenten kurz allein zu lassen, um ihm Gelegenheit zu geben, über seine Fehler nachzudenken: Er hoffe, dass sein Untergebener zu sich selbst zurückfände und seine Haltung korrigieren würde.

Doch der Gesichtsausdruck Dao-Lis ließ kaum Hoffnung in dieser Richtung zu. Sie baten ihn, sich in ein Ankleidezimmer neben dem großen Saal zu begeben, mit der stillschweigenden Anweisung, seinem Leben so schnell wie möglich ein Ende zu setzen. Im Übrigen war es an der Zeit für den Präfekten, sich mit Richter Di entsprechend den am Nachmittag getroffenen Vereinbarungen unter vier Augen zu unterhalten. Doch bevor hinausgingen, änderte der oberste Vorgesetzte noch mal seine Meinung:

„Lassen Sie doch unserem Freund Dao-Li Tee servieren", sagte er zu den Richtern. „Aufgrund einer leichten Meinungsverschiedenheit dürfen wir doch nicht unsere guten Manieren vergessen."

Im Begriff, den Saal zu verlassen, verbeugte sich Dao-Li steif, um sich bei seinem obersten Herrn für diese Aufmerksamkeit zu bedanken. Der Präfekt warf seinen Richtern einen letzten Blick zu und schritt dann über die Schwelle, dicht gefolgt von Di.

Der Präfekt setzte sich im kleinen Salon in einen bequemen Sessel und bedeutete seinem Untergebenen, es ihm gleichzutun. Seine Züge entspannten sich und Richter Di begriff, dass ihm die

Enthüllungen mehr zugesetzt hatten, als er hatte zeigen wollen.

„Gewiss ahnen Sie bereits den Grund für diese Unterhaltung, Di“, sagte er und fischte dabei ein paar Süßigkeiten aus einer auf einem Tischchen liegenden Dose. „Was mag nur im Kopf dieses Menschen vorgegangen sein? Soweit ich weiß, war er ein guter Richter. Ein wahres Muster an Würde! Nun, vielleicht etwas zu viel.“

Di gab zu bedenken, dass Dao-Li getötet habe, um sich von der drückenden Last des Examensbetruges zu befreien. Sozusagen eine Art Katharsis. Seit dem Tode Tans und Shangs dürfe Dao-Li sich sehr viel befreiter gefühlt haben, als er es je in seinem Leben getan hatte. Sein Leben war aufgrund der gesellschaftlichen Konventionen vorherbestimmt gewesen; sie hatten ihn zu den Morden getrieben. Zeitlebens hatte er die schlechte Wahl getroffen, viel mehr geleitet von einer falschen Vorstellung von Anstand als von Ethik.

„Niemand ist gegen fatale Irrtümer gefeit“, sagte der Präfekt seufzend. „Ich habe meine Tochter einem Blödmann zur Frau gegeben. Auch ich bezahle fortwährend für diese Dummheit, doch ich stecke in der Klemme: Wenn ich mich nicht ein wenig um Kiens Karriere kümmere, wird mein armer Liebling in irgendeiner Garnisonsstadt an der Grenze versauern, und das, wo sie doch das Landleben so verabscheut.“

„Muss ich das so verstehen, dass Sie Ihrem Schwiegersohn den Posten von Pien-fu zugedacht haben?“, fragte Richter Di.

Der Präfekt seufzte erneut. „Leider nicht. Schon deshalb nicht, weil diese Ehre rechtmäßig nur Ihnen zusteht. Dann aber auch, weil ich von seinen Ehebrucheskapaden genug habe. Ich würde es sehr begrüßen zu sehen, dass er in einer Art Fegefeueraufenthalt ein wenig geläutert wird. Nur meiner Tochter zuliebe lasse ich ihn nicht in irgendein abgelegenes Bergdorf unseres Kaiserreichs versetzen. Auch die Fehler Meis sind mir klargeworden. Ihre Kollegen haben sich selbst aus dem Weg geräumt. Und Lo fehlt es an den notwendigen geistigen Fähigkeiten. Nein, der Posten von Pien-fu ist für Sie bestimmt, mein Lieber. Um den wollten Sie mich doch sowieso bitten, nehme ich an?“

„Erlauben Sie, dass ich Ihnen einen anderen Vorschlag unterbreite“, entgegnete Richter Di. Er befürchtete insgeheim, die kriminellen Aktivitäten von Pien-fu für lange Zeit zum Erliegen gebracht zu haben und sah sich schon an einem Ort verweichlichen, der noch langweiliger war als Peng-lai und in dem er nicht wüsste, wie er seine Tage anders verbringen sollte, als so lange Bäder zu nehmen, bis ihm das Wasser zuwider wäre. Er bat seinen Vorgesetzten, die Kandidatur seines Freundes Lo Kuan-chong noch einmal zu überdenken.

„Sei's drum!“, sagte der Präfekt. „In jedem Fall wird mein Schwiegersohn diesmal nicht Bezirksrichter von Pien-fu werden. Ich werde eine andere

Verwendung für ihn finden müssen.“

Sie kamen überein, dass er eine Empfehlung für Lo aussprechen würde, mangels anderer geeigneter Kandidaten. Die Ernennung des Dichters als Bezirksrichter in der Stadt der tausend Springbrunnen hätte zumindest den Vorteil, das kulturelle Niveau der Stadt zu erhöhen. Er würde es verstehen, den örtlichen Reichtum für die Förderung der Künste zu nutzen, ohne sich diesmal dabei selbst zu ruinieren.

Der Hofmeister betrat den Salon; er trug aufgrund der schlimmen letzten Tage eine bekümmerte Miene zur Schau. „Herr Dao-Li hat einen Unfall gehabt“, verkündete er.

„Was sie nicht sagen!“, erwiderte der Präfekt.

„Hat man denn nie seine Ruhe? Wie geht es ihm denn?“

„Ich glaube, er ist tot“, murmelte der Hofmeister. Sie gingen in das Ankleidezimmer, in dem sich auch bereits Mei, Lo und Kien eingefunden hatten. Dao-Li lag auf dem Boden, Stuhl und Teetasse lagen umgekippt neben ihm. Seine Gesichtszüge waren schmerzverzerrt.

Dünne Speichelfäden benetzten seine Lippen. Der Präfekt beugte sich über die Leiche. „Es ist nicht nötig, den Leichenbeschauer kommen zu lassen. Die Todesursache war eindeutig Herzversagen. Es waren wohl mehr Emotionen, als er ertragen konnte. Zweifellos ein Geburtsfehler. Ich habe mir sagen lassen, dass dies bei den Angehörigen alter Adelsgeschlechter, in denen häufig innerhalb der Familie geheiratet wurde, nicht gerade selten vorkommt."

Er bat den Hofmeister, das Teeservice abzutragen und säubern zu lassen und kehrte anschließend in den Bankettsaal zurück.

„Er sieht aus, als habe er gelitten", bemerkte Kien, der das gequälte Gesicht des Toten betrachtete. „Jetzt hat er endlich seine Verbrechen gesühnt. Hoffen wir, dass dieses Leiden ihn von dem Schandfleck gereinigt hat, mit dem er seine

Seele beschmutzt hat."

Eine abscheuliche Offensichtlichkeit traf Di wie der Schlag. „Der Tee!", dachte er. „Der Tee des Präfekten!"

„Halten Sie mich für einen Dummkopf?", rief er dann den Anwesenden zu. „Sie haben ihn ermordet!"

Lo fiel aus allen Wolken. Di klammerte ihn gern aus dem Kreis der Schuldigen aus. Aber die Gesichter Meis und Kiens sprachen für sich. Sie waren ihrem Kollegen dabei behilflich gewesen, diese Welt in Würde zu verlassen. Mei, Kien und auch der Präfekt hatten ihn gemeinsam vergiftet, um zu vermeiden, dass er ungeschoren davonkam. Somit war die Ehre jedes Einzelnen unversehrt, auch die des Toten.

„Was haben Sie getan?", jammerte Lo ganz verdattert.

„Wir haben ihm seinen Tee serviert", erwiderte Kien, ohne mit der Wimper zu zucken. „Den Tee, den er verdient hat."

„Mein Schlaftrunk ist tatsächlich sehr stark", bemerkte Mei. „Der Arzt hat mich schon gewarnt, nicht zu viel auf einmal davon zu nehmen. Ich werde von nun an Sorge tragen, dass die vorgeschriebene Dosierung nicht überschritten wird."

„Und der Prozess?", fragte Di. „Das wäre die einzig zulässige Art gewesen, diesen Fall abzuschließen!"

Kien zuckte mit den Achseln. „Er hat ihn gehabt, seinen Prozess. Und zwar vor fünf Bezirksrichtern. Was hätte er mehr verlangen können? Er hat seine Verbrechen gestanden, ist für schuldig befunden worden und die Vollstreckung ist erfolgt. Dann ist doch alles in Ordnung, denke ich. Es ist nicht nötig, die ganze Welt damit zu langweilen."

Dao-Li hatte seinen Kopf riskiert und er hatte verloren. Seine beiden Kollegen hatten ihn vor den wohlwollenden Augen ihres obersten Vorgesetzten ermordet. Bestand ihre Aufgabe letztendlich nicht darin, dafür zu sorgen, dass die Bösen bestraft und die Gesetze gewahrt wurden? Di war der Meinung, dass sie sich aus einer bestimmten Perspektive auch nicht besser verhalten hatten als der Mörder; sie hatten ein Mitglied ihres eigenen Berufsstandes ins Jenseits geschickt, so wie dieser es mit Shang und Tan gemacht hatte – und dass alles nur, um zu bewahren, was sie selbst als ihre „Ehre" bezeichneten. Das Motiv von Dao-Li war dasselbe gewesen. Aber Di war sich darüber im Klaren, dass seine persönliche Meinung nichts an der offiziellen Version ändern würde, nach der Dao-Li vor seiner Zeit einer Herzkrankheit erlegen war.

Sie trafen den Präfekten wieder im großen Saal, wo dieser ihnen mitteilte, dass er die Absicht habe, Lo, „der über genügend einflussreiche Unterstützung" verfüge, als Nachfolger des seligen Tan Jinxuans zu empfehlen. In grenzenloser Dankbarkeit kniete sich der Dichter vor ihm nieder, während sich die Verlierer verneigten, Di einbegriffen. Niemals war er derart erleichtert gewesen, einen Wettbewerb zu verlieren.

Der Präfekt half dem Sieger wieder hoch und fasste ihn dann am Arm, als wäre er schon immer sein bevorzugter Kandidat gewesen. „Nun", sagte er, „erzählen Sie mir doch ein bisschen von Ihren Plänen. Es scheint, als organisierten Sie mit Vorliebe dichterische Lesungen und prächtige der Kalligrafie gewidmete Veranstaltungen. Unsere Stadt hat es nötig, vor allem momentan, ihren Ruf wieder aufzupolieren. Unsere Bürger werden hoch erfreut sein, sie werden Sie verehren!"

Er verließ den Raum und zog Lo mit sich, der verblüfft war, den anderen vorgezogen worden zu sein. Mei und Kien warfen ihnen einen hasserfüllten Blick zu. Di dachte, dass sein Kollege gut daran täte, in den kommenden Monaten darauf zu verzichten, mit den beiden Tee zu trinken; gewisse Verlockungen könnten womöglich zu groß sein.

Zurück in seinem Zimmer betrachtete er lange Zeit durch sein vorhangloses Fenster die über Pien-fu liegende Dunkelheit. Die Nacht war tief und unheilverkündend, diese Nacht, in der das

Gute vom Bösen so schwer zu unterscheiden war, die Nacht der Richter.

Di schlief schlecht und erwachte mit einem Gefühl von Frustration. Warum brachten ihm seine brillant gelösten Fälle eigentlich nie weder Ehre noch Belohnungen ein? Er versuchte, sich damit zu trösten, dass er sich nach reiflicher Überlegung damit zufrieden geben sollte, diese Reise überlebt zu haben. Drei von ihnen hatten dieses Glück nicht gehabt.

Der Himmel hing tief, so wie es die fehlenden Sterne bereits am Abend zuvor angedeutet hatten. Zum ersten Mal seit ihrer Ankunft bedeckte eine dichte, graue Wolkendecke die Stadt. Als Di, gefolgt von Miao Dai und mit Paketen beladenen Dienern, in den Hof trat, schickte sich Dao-Lis Sänfte eben an, die Residenz zu verlassen. Sein Kollege kehrte in seinem prächtigen Palankin, der nun zum Leichenwagen geworden war, in seinen Bezirk zurück. Kein Mensch würde auf den Gedanken kommen, dass hier ein Verurteilter transportiert wurde.

Der Präfekt erschien persönlich, um ihnen eine gute Heimkehr zu wünschen. Er nutzte den Augenblick, um einen letzten Hinweis zu geben: Nichts von den Ereignissen dürfe an die Öffentlichkeit dringen. Laut der offiziellen Version hatten sie an einer Konferenz zur Verteidigung der Küste teilgenommen, die sie von Tagesanbruch bis in die Nacht ununterbrochen beschäftigt hatte. Tan habe sich als Folge einer länger anhaltenden Depression erhängt. Eine vertrauliche Botschaft sollte die Hauptstadt über den Mord an Shang informieren, den Dao-Li in einem plötzlichen Anfall von irrsinniger Wut begangen habe.

Dieser Letztere habe, um einen Skandal zu vermeiden, gleichfalls Selbstmord begangen.

Ihre Vorgesetzten würden die Geste Dao-Lis befürworten und sich mit den Erklärungen zufriedengeben. Falls man eines Tages Genaueres erfahren wollte, würde der Präfekt ausführlich Stellung nehmen, natürlich mündlich. Die Wahrheit zu diesem Fall konnte in keinem Fall zu Papier gebracht werden.

Di hatte keine große Lust, sich in die liegen gebliebene Arbeit zu stürzen, die ihn in Peng-lai erwartete. Deshalb bat er um die

Erlaubnis, noch eine Woche im Bezirk von Wei-ping verbringen zu dürfen, einem Ort, der für seine historischen Stätten und seine landschaftliche Schönheit berühmt war.

Dies stellte für ihn eine kostbare Ablenkung von den niederen menschlichen Gefühlen dar, mit denen er es in Pien-fu zu tun gehabt hatte. Der Präfekt bewilligte ihm gern diese kleine Gunst, die ohnehin nur als schwache Belohnung für seine geleisteten Dienste angesehen werden konnte.

„Eines Tages wird man am Hofe Kenntnis von Ihrem Wert erlangen und Sie zu einem einflussreichen Minister ernennen, Di, dessen können Sie sicher sein", sagte er. Di bedankte sich für diese Vorhersage. Er sagte sich aber, dass sein Ruf noch lange nicht in höhere Etagen dringen würde, falls seine brillanten Ermittlungsergebnisse weiterhin in der Anonymität einer alles unterdrückenden Verwaltung versackten.

Aber vielleicht hatte dies ja auch ein Gutes. Ehrenvolle Auszeichnungen hatten die unschöne Eigenart, bisweilen den Tod ihrer Nutznießer nach sich zu ziehen. Sie waren die eigentlichen Urheber der drei Morde gewesen, die in dieser Stadt begangen worden waren. Di erfreute sich seiner Mittelmäßigkeit, die ihn gleichsam vor großen Versuchungen wie vor großen Lastern bewahrte, und kehrte leichten Herzens in sein kleines Küstenstädtchen zurück, das ihm plötzlich voller Möglichkeiten erschien.

Karriere des Richters Di Jen-dsiä

630 Di wird in Taiyuan, der Hauptstadt der Provinz Shanxi, geboren. Dort besteht er seine Provinzexamina.

650 Richter Dis Vater wird zum Kaiserlichen Ratgeber in der Hauptstadt ernannt; Di wird sein Assistent. Die Eltern veranlassen, dass er Lin Erma, die Tochter eines sehr hohen Beamten zur Ehefrau nimmt. Nach dem Bestehen der literarischen Prüfung wird er zum Sekretär der kaiserlichen Archive ernannt und nimmt sich eine zweite Ehefrau. Eine etwa um das Jahr 660 durchgeführte Ermittlung in den Archiven bringt ihn auf die Idee, sich für die Karriere eines Wander-Richters zu bewerben.

663 Di tritt seinen ersten unabhängigen Beamtenposten in Penglai, einer kleinen Küstenstadt im Nordosten – in der Nähe der Mündung des Gelben Flusses – an. Er heiratet ein drittes Mal, diesmal die Tochter eines verarmten Akademikers.

664 **Zehn kleine chinesische Dämonen:** Während eines Gespensterfestes werden einige Statuetten gefunden, welche Zauberei betreibende Gottheiten darstellen – und zwar an den gleichen Stellen, an denen verschiedene Morde begangen worden sind. Di muss den Grund für diese Häufung an Verbrechen herausfinden und die Bevölkerung beruhigen, die überzeugt davon ist, dass die Dämonen aus der Hölle geflohen sind.

Die Nacht der Richter: Di wird an die Präfektur von Pien-fou beordert, eine angenehme Badestadt, die bei allen seinen Kollegen sehr begehrt ist. Dort bittet man ihn, das Rätsel zu lösen, das durch den Mord am örtlichen Bezirksrichter entstanden ist.

666 Di wird nach Hanyuan versetzt, eine Stadt an den Ufern eines Sees im Nordwesten der Hauptstadt.
Dame Di leitet eine Ermittlung: Bewegungsunfähig aufgrund eines gebrochenen Beines überlässt er es seiner Ersten Dame, den Ursprung einer im Wald gefundenen Mumie sowie eines Skelettes, das im Garten eines berühmten Malers ausgegraben wurde, aufzuklären.

667 **Die heikle Kunst des Duells:** Di sieht sich konfrontiert mit einer geheimnisvollen Epidemie, welche für Panik unter den Bürgern sorgt.

668 Richter Di wird nach Puyang versetzt, eine blühende Stadt am Großen Kaiserkanal, der das Reich von Norden nach Süden durchquert.
Das Schloss am Tchou-an-See: Auf dem Weg zur Amtsübernahme zwingt ihn eine Überschwemmung, ein paar Tage in einem luxuriösen Landhaus zu verbringen, wo eine im Wasser treibende Leiche offenbar eindringlich darum bittet, dass ihr Tod bestraft wird.
Das Palais der Kurtisanen: Im Frühling soll Di den Fall einer Leiche ohne Kopf aufklären, die in einem Bordell für reiche Bürger aufgefunden worden ist.

669 **Wenn Mönche morden:** Richter Di besucht ein Taoistenkloster und schickt seine Erste Dame in ein buddhistisches Nonnenkloster, um sich an einem abgelegenen Ort zu entspannen. Eine Reihe geheimnisvoller Todesfälle beunruhigt die Mönche.

676 Di ist Bezirksrichter in Pei-tscho, im äußersten Norden des Reiches, einer Gegend, die unter bedeutendem mongolischem Einfluss steht.
Tod eines Go-Meisters: Während eines Ausflugs durch die Berge macht er in einer kleinen Grenzstadt Halt, wo dieses Spiel gerade für Furore sorgt.

677 Di wird in die Hauptstadt versetzt.
Tod eines chinesischen Kochs: Während er auf seinen neuen Einsatz wartet, wird er beauftragt, in den Küchen der Verbotenen Stadt zu ermitteln. Von seinem Ergebnis hängt das Leben von etwa hundert Köchen ab.
Medizin für Mörder: Am Ende des gleichen Jahres soll Di einen Mörder unter den Mitgliedern des Großen Ärztlichen Dienstes entdecken, einer zentralen Einrichtung der chinesischen Medizin.

680 Di Jen-dsiä wird zum Minister der Kaiserin Wu ernannt.

700 Nachdem ihm der Rang des Herzogs von Liang verliehen worden ist, stirbt Di in Chang'an im Alter von 70 Jahren.

Inhaltsverzeichnis